v

나눔 속에 핀
꽃

나눔 속에 핀 꽃

초판 1쇄 발행 | 2017년 7월 20일
초판 2쇄 발행 | 2017년 12월 12일

지 은 이 | 강남국
펴 낸 이 | 박세희

펴 낸 곳 | (주)도서출판 등대지기
등록번호 | 제2013-000075호
등록일자 | 2013년 11월 27일

주 소 | (153-768) 서울시 가산디지털2로 98,
        2동 1110호(가산동 롯데IT캐슬)
대표전화 | (02)853-2010
팩 스 | (02)857-9036
이 메 일 | sehee0505@hanmail.net

편집·디자인 | 박세원

ISBN 979-11-6066-013-5
ⓒ **나눔 속에 핀 꽃** 2017, Printed in Seoul, Korea
   값 12,000원

• 잘못된 책은 구입하신 서점에서 바꾸어 드립니다.

강남국 에세이

나눔 속에 핀 꽃

등대지기

| 작가의 말

서른네 살이던 지난 1990년 5월!

수술실에서 딱 한 번의 서원誓願 기도가 제 삶을 송두리째 바꿀 줄을 그때는 정말 몰랐습니다. 소아마비로 장애가 심했던 탓에 걷는 것은 고사하고 단 한 번이라도 서보고 싶다는 마음에 수술대에 누웠을 때, 자연스레 나왔던 간절한 소망의 기도였지요. 당시 "만약 서서 걷게 된다면 불우 이웃 100명에게 무료교육을 하겠노라"라는 기도는 세 번의 수술을 끝으로 응답을 받았고, 비록 한쪽 보조기에 양쪽 목발을 짚긴 했어도 지난 세월, 작지만 실천에 옮기면서 숱한 이웃을 만나온 날들이 행복했습니다.

아주 오래전 서해안의 아름답고 작은 섬 〈삽시도〉에서 태어난 저는 당시 그 섬의 200여 호 가운데 유일하게 걷지 못하는 아이였습니다. 사춘기가 시작되면서 극심한 생앓이는 시작되었고, 그 와중에 '내가 할 수 있는 일이 있다'는 깨달음 하나가 평생 공부의 길로 접어들게 했지요.

그때부터 저는 내가 '할 수 있는 일'과 '할 수 없는 일'을 구별하기 시작했습니다. 남들은 다 할 수 있으나 나만 할 수 없는 일을 미련 없이 버리기 시작했고, 스스로 할 수 있는 일에만 전념하기 시작한 것은 지금 생각해도 참 기특하기만 합니다.

내가 나를 사랑하고 나 자신을 보석으로 갈고 닦지 않으면 세상의 누구도 나를 사랑해 주지 않는다는 평범한 진리를 깨달았을 때, 할 일은 태산처럼 쌓여있었습니다. 그것은 바로 삶을 터득하는 공부였지요. 그중에서도 영어는 특별히 재미있었습니다. 또한, 13살 무렵 터득한 한글로 내 이름 석 자를 쓰기 시작한 이후 지금껏 다양한 분야의 책을 읽으며 문학(詩) 전도사, 영어 강사로 평생을 사는 오늘이 참 행복합니다. 2005년도에 설립된 《활짝웃는독서회》는 제 분신과 같은 모임입니다. 평생을 읽어온 생명과도 같은 책과 문학작품을 단 한 사람에게라도 전하겠다는 마음 하나가 낳은 나눔 꽃이라 할 수 있지요.

 저는 좋은 시詩 열 편만 외워도 인생이 바뀐다고 생각합니다. 참석자 중엔 몇 년 만에 한 편을 겨우 외우는 분들도 계십니다만 그래서 모임 땐 늘 시를 암기하는 시간을 갖지요. 단 몇 분이면 외울 것도 몸이 불편한 이들에겐 역사를 이루는 것이기도 하지요. 그렇기에 이 작은 모임에 더 애착이 가는지도 모르겠습니다. 여기에 실린 글들은 수년 동안 독서회 카페에 《청죽칼럼》이란 이름으로 올렸던 글 중에서 고른 것들인데, 다시 읽어보니 세월과 함께 치부 같은 느낌 또한 없지 않은 게 사실입니다.

물질적으로는 가장 풍요로운 시대를 살면서도 정신은 그 어느 때보다 궁핍한 시대에, 존재에서 소유로 흐르는 거대한 시류時流의 물결은 어쩌지 못할지도 모릅니다. 그래도 인문학은 만학의 뿌리임을 믿으며 이러한 몸으로도 세상에서 할 수 있는 일이 있다는 것처럼 삶의 큰 기쁨이 없음을 다시 한 번 배우게 됩니다.

지난날 무엇을 바라거나 기대하고 시작한 지식 나눔이 아니었음에도 과분한 상찬으로 돌아와 행복하게 했고, 더 열심히 사랑하며 살겠습니다. 불꽃처럼 화려하진 않아도 식지 않는 뜨거운 불덩이 하나 가슴에 안고 나눔 속에 핀 꽃의 향기를 더 높이 활짝 펼쳐 가겠습니다.

2017년 7월
강남국

| 차례

004 작가의 말

제1부
오늘 행복하지 않으면

015 오늘도 배우는 행복 | 016 시를 외운다는 것 | 018 오늘 행복하지 않으면 | 020 오늘도 물처럼 | 022 장자 | 024 관심과 무관심 | 026 사랑의 빚 | 028 갚아야 할 빚 | 030 세월 | 032 날마다 좋은 날 | 034 최고의 스승 | 036 사회적 관계의 중요성 | 038 재능 기부 | 040 인생의 가장 큰 목표 | 042 역동逆動적인 삶 | 044 세상에서 가장 아름다운 방 | 046 생음악과 전자음악 | 048 본능과 금욕 | 050 세상에서 제일 유치한 인사 | 052 움베르토 에코 | 054 설득의 3박자 | 056 해석할 수 없는 것 | 058 책임 | 060 마중물 | 062 누군가를 좋아한다는 것 | 064 좋아하는 걸 하세요 | 066 신뢰가 허물어졌을 때 | 068 자기에게 선물 주기 | 070 신화 읽기의 소중함 | 072 위로의 힘 | 074 나를 위한 사치 | 076 만년필 | 078 편지 | 080 아름다운 도전의 벽 | 082 칠정과 여덟 가지 정서 | 084 존재

제2부
날마다 깨어있는 삶

087 소유의 사중관 | 088 잘 산다는 것 | 090 인간에 대한 정의 | 092 포옹의 힘 | 094 마음을 사로잡는 문구류 | 096 제일 좋은 글자 | 098 세상에서 가장 불행한 사람 | 100 사랑의 분류 | 102 가르치는 행복 | 104 만물의 스승 | 106 선禪이란 무엇인가 | 108 장자의 일화 한 토막-1 | 110 장자의 일화 한 토막-2 | 112 나의 냄새 | 114 거장 | 116 들꽃 | 118 현재Present는 선물Present이다 | 120 탄생 | 122 사랑 | 124 날마다 깨는 삶 | 126 리더leader는 리더reader다 | 128 지상에서 부르는 천상의 노래 | 130 가장 진솔한 글 | 132 인간 예수 | 134 마음의 가시 뽑기 | 136 힘이 됐던 책들 | 138 책을 읽지 못한 부끄러움 | 140 공짜가 없는 세상의 이치 | 142 안나 카레니나 | 144 나를 키운 책들 | 146 번역가 문인들 | 148 꿈꾸는 달인 | 150 작가 이문구 | 152 즐기는 사람

제3부
이 또한 지나가리다

155 위대한 침묵 | 156 마음이 만들어 내는 시간 활용법 | 158 모자람의 미학 | 160 세상에서 가장 이해하기 어려운 것 | 162 가슴을 데우는 일 | 164 선택 | 166 짧은 생애에도 | 168 노No와 거절拒絶 | 170 시詩 암송의 행복 | 172 다르다 와 틀리다 | 174 나를 알아가는 통로 | 176 오늘도 배우는 감사 | 178 알면 사랑한다 | 180 아름다운 계절에 | 182 노인의 성 | 184 사랑해 | 186 시인이란 | 188 놀고먹는 방법 | 190 베스트 원과 온리 원 | 192 파블로 네루다 | 194 그거면 충분하지It is enough | 196 노경老境의 시학 | 198 만년필의 추억 | 200 철학적 물음 | 202 일어나라! 좀더 너의 삶을 불태워라! | 204 가슴 따듯한 세상 | 206 특강 | 208 부러운 시대와 시인 | 210 마음으로 모시는 어르신 | 212 가장 설익은 사람 | 214 생의 5대 요소 | 216 어머니와 수건 | 218 바람만이 아는 대답 | 220 칠등팔갈 | 222 머리로 사는 사람, 가슴으로 사는 사람 | 224 우리 시대 마지막 르네상스인 | 226 이 또한 지나가리라 | 228 나의 가장 큰 소망

제4부
불꽃처럼 화려하진 않아도

231 작은 형님과 마음의 빚 | 234 글쓰기 권하는 사회 | 236 피하고 싶은 두 가지 | 238 장애인 마크, 이제는 바꿔야 할 때 | 240 시인은 얼마나 아플까 | 242 세상에 공짜는 없다 | 244 기념 수건 | 246 아련한 추억의 삼중당 문고 | 248 오늘의 삶을 즐기는 자가 되고 싶다 | 250 휠체어 선생님 | 252 합격과 졸업 | 254 기타를 바꾸며 | 256 오만과 편견 | 258 아버지의 시계 | 260 아산상을 받고 | 262 나이 듦의 수업 | 264 목표의 아름다움 | 266 사랑의 끈 | 268 생을 부끄럽게 하는 것 | 270 장애를 능력으로 바꾸려면 | 272 볼펜 값 1,200원의 행복 | 274 짜릿한 쾌감 | 276 하루를 25시간으로 사는 법 | 278 열혈 팬 | 280 경전을 읽는 맛 | 282 심각한 멘탈 붕괴 | 284 의지意志 | 286 괴테의 정열과 오늘 해야 할 인생의 몫 | 288 조르주 상드 | 290 고독한 현대인 | 292 불꽃처럼 화려하진 않아도 | 294 읽고 싶은 책을 사는 행복 | 298 피 할 수 없다면

제5부
단순한 삶

301 서평쓰기의 즐거움 | 302 마음 밭 | 304 식구食具 | 306 기타 줄을 다시 맞추며 | 308 한국인 | 310 한국교회와 장애인 | 312 배려 | 314 파이돈 | 316 역발상 | 318 자기 되돌아보기 | 320 편애 | 322 상상도 못한 상 | 324 장애 형제 | 326 잘 산다는 것-2 | 328 술 | 330 큰 누님 | 332 광화문 글판 | 334 자기 관리 | 336 아버지의 노래 | 338 하늘로 떠난 어머니 | 340 어머니의 비석 | 342 타인의 생일을 기억한다는 것 | 344 시詩 전도사 | 346 평생 공부하는 사람들 | 348 번역서를 읽는다는 것 | 350 책임 | 352 차마 듣고 싶지 않은 소식 | 356 영시 감상

제1부
오늘 행복하지 않으면

오늘도 배우는 행복

저는 매사 모든 일을 남보다 잘하려고 하지 않습니다. 전 보다 잘하려고 노력할 뿐이지요. 바둑을 둘 때도 같은 실수를 하지 않으려고 늘 애씁니다. 최선의 수를 찾는 것이 바로 그런 것이겠지요. 같은 실수를 한다는 것처럼 어리석은 일도 없습니다. 똑같은 실수를 하는 사람이 어찌 현명할 수 있겠습니까. 그런데도 저는 실수가 참 많은 오늘을 삽니다. 어떻게 생각하면 이것이 내 한계인가 싶기도 하지만 그 한계를 뛰어넘으려 무던히 힘을 쏟지요. 그럴 때마다 자신을 한껏 다독이지요. 전보다는 잘하자고요. 이 마음이 그렇게 좋습니다. 세상의 흐름과는 견줄 수 없다손 치더라도 그렇게 아프거나 불행하단 생각은 들지 않는군요. 생각하면 모두가 감사뿐입니다. 오늘도 제일 행복한 것은 해야 할 일이 있다는 것이지요. 일 한다는 것이 제일로 행복한 것임을 배웁니다.

시를 외운다는 것

흔히 시를 읽는 것은 '낭독'이라고 하고 시를 외는 것은 '낭송'이라고 하지요. 좋은 시를 외운다는 것은 여간 행복한 일이 아닙니다. 특히 서정시 몇 편을 암송하고 있다면 말입니다. 황동규 시인은 한때 시조 300수를 암기했다고 하는데 저는 가만히 생각해 보니 겨우 몇십 편 외우는 것 같습니다. 솔직히 외운다고 할 수도 없는 숫자 지요. 윤동주의 「서시」 노천명의 「사슴」 박인환의 장시인 「목마와 숙녀」 「세월이 가면」 김남조의 장시인 「가난한 이름에게」 그리고 이생진의 『그리운 바다 성산포』 중의 몇 편도 자주 읊조리는 시들입니다. 시를 외우는 까닭이 뭘까 하고 생각할 때가 있습니다. 시를 외우면 우선 배가 부릅니다. 허기진 영육에 동력을 얻은 것 같은 힘을 받기 때문이라고 할까요. 좋은 시를 만나면 열 번이고 백번이고 계속 읽는데 영육이 전율할 만큼 큰 황홀경에 취하기도 하지요. 시를 읊조리다 보면 팽팽하게 긴장됐던 생활의 템포가 갑자기 느슨해집니다. 하나에서 열까지 모두 패스트Fast와 퀵클리Quickly로만 치닫는 오늘이지만 시는 한 걸음 늦춰 슬로우Slow의 의미를 되새기게 하거든요. 어떻게 생각해 보면 오늘까지 너무 급하고 빠르게만 달려왔단 생각도 듭니다. 가히 정신이 없었지요. 솔직히 무엇을 위해 그렇게 줄달음쳐 왔는지 조차 모릅니다. 하나같이 그렇게 시류時流에 편승하다 보니 휩쓸려 덩달아 달려왔단 후회가 없지도 않네요. 어떠한 것으로든 삶에 재충전이 필요하듯 좋은 시를 읽으며 오늘을 되짚어 볼 수 있다는 것이 좋습니다.

오늘 행복하지 않으면

　　　　　자연과 사랑 외에도 청교도주의를 배경으로 한 죽음과 영원 등의 주제를 많이 다루었던 미국 시인 에밀리 디킨슨(Emily Elizabeth Dickinson, 1830~1886)은 "지상에서 천국을 찾지 못한 자는 하늘에서도 천국을 찾지 못할 것이다."라고 했지요. 그녀는 평생을 칩거하며 독신으로 살았고, 죽은 후에는 그녀가 2000여 편의 시를 쓴 것이 알려졌지요. 그녀의 시 중에 「If I can...」이란 작품은 제가 아주 좋아하기도 합니다. 솔직히 원문을 다 외우는 유일한(?)시지요. 저는 하루하루 오늘 행복하자는 주의입니다. 물론 내일도 중요하지요. 대부분의 사람이 오늘보다는 내일을 위해 저축을 하며 발로 뛰지만, 삶의 포커스를 내일에 맞추면 뭔가 손해를 보는 것 같은 느낌 또한 없지 않기에 생각을 완전히 바꿨습니다. 오늘 가장 싱싱한 과일을 먹어야 한다는 것이지요. 좋은 것부터 먹기입니다. 상한 것부터 먹기 시작하면 매번 상한 것만 먹게 되지요. 내일은 솔직히 신의 영역입니다. 오늘 사랑할 사람을 사랑해야지요. 내일은 늦습니다. 그리고 오늘 지상에서 누릴 수 있는 최고의 행복 또한 맛 볼 수 있다면 내일로 미루고 싶지 않습니다.

오늘도 물처럼

"가장 아름다운 인생은上善 물처럼 사는 것若水" 란 말은 노자의 도덕경 8장에 나오는 상선약수上善若水를 말하지요. 물처럼 사는 인생이 가장 아름답다는 뜻인데 곱씹을수록 참 기막힌 표현이란 생각이 듭니다. "물은 만물을 이롭게 해주지만 공을 다투지 않는다. 모든 사람이 싫어하는 낮은 곳으로 흐른다.水善利萬物而不爭,處衆人之所惡" "물은 낮은 곳으로 임한다居善地, 물은 연못처럼 깊은 마음을 가지고 있다心善淵, 물은 아낌없이 누구에게나 은혜를 베푼다與善仁, 물은 신뢰를 잃지 않는다言善信, 물은 세상을 깨끗하게 해준다正善治, 물은 놀라운 능력을 발휘한다事善能, 물은 얼 때와 녹을 때를 안다動善時." 박재희 교수의 『3분 古典』이란 책을 읽으며 행복해합니다. 이 책은 한문 고전에서 짤막한 문장들을 뽑아 설명한 책인데 좋네요. 어떻게 생각하면 오늘날 물처럼 산다는 것은 쉽지 않을지 모릅니다. 경쟁하지 않을 수 없기 때문이지요. 노자의 표현처럼 그 마음만은 뜨거운 가슴에 품고 상선약수의 마음으로 오늘도 살고 싶습니다.

장자莊子

　　　　장자는 중국 전국시대의 사상가 장자莊子:莊周의 저서입니다. 『남화진경南華眞經』이라고도 하며 내편內編 7, 외편外編 15, 잡편雜編 11로 모두 33편으로 이루어진 책입니다. 내편은 장자가 저술한 것으로, 외편과 잡편은 후학後學이 지은 것으로 알려졌지요. 저도 수년 전 오강남 풀이(현암사 간)로 읽으며 밑줄을 쳤지요. 그렇게 오래전 옛날 책인데 우주와 인생의 깊은 뜻은 실로 어마어마한 것 같습니다. 최근에 읽고 있는 『3분 고전』이라는 책을 읽다가 재발견한 내용입니다. 전설상의 동물 중에 발이 하나밖에 없는 기夔라는 동물이 있었다고 하지요. 추수편 발이 하나밖에 없었기 때문에 발이 100개나 있는 지네를 몹시 부러워했습니다. 그 지네는 발이 없는 뱀을 부러워했지요. 뱀은 자신이 움직이지 않고도 멀리 갈 수 있는 바람이 부러웠고, 바람은 가만히 있어도 어디든 가는 눈을 부러워했답니다. 그런데 눈은 보지 않고도 무엇이든 상상할 수 있는 마음을 부러워했다는군요. 마음은 자신이 가장 부러워하는 것이 기夔라고 했다는 얘깁니다. 정리하면 '기는 지네를 부러워하고, 지네는 뱀을 부러워하고, 뱀은 바람을 부러워하고, 바람은 눈을 부러워하고, 눈은 마음을 부러워하고, 마음은 기를 부러워한다.'는 얘깁니다. 남을 부러워하면 불행해집니다.

관심과 무관심

'내가 아는 모든 것은, 오직 그것을 사랑했기 때문에 안다Everything that I know, I know only because I love' 러시아의 작가 톨스토이의 『전쟁과 평화』중에 나오는 얘깁니다. 관심이 있다는 것은 곧 사랑이 있다는 것을 의미하지요. 사랑이 있다는 것은 관심이 있다는 것도 될 것입니다. 관심이 있는 것은 보이기 마련이고 무관심한 것은 일생이라는 긴 세월에도 잘 보이지 않습니다. 어떻게 보면 참 단순한 이치인데 이것이 생이구나 싶을 때가 있어요. 관심이란 얽혀 있는 모든 것이 실체로 드러남은 물론 심안으로까지 보인다는 것이지요. 참으로 놀라운 이치가 아닌가 싶습니다. 관심은 시야를 넓게 하지만 무관심은 그 부분에 대해서는 철저히 담을 쌓게 만듭니다. 관심이 없는 것엔 발전 또한 없습니다. 무관심한 것은 배우려고 하지 않기 때문이지요. 바둑에 관심이 있는 사람은 바둑을 어떻게든 배웁니다. 오늘도 이 단순한 이치 속에 생의 숨겨진 비밀을 배우는 황홀함이 있네요. 더 많은 것에 관심을 갖고 더 많이 사랑하는 데 소홀함이 없는 그런 생을 끝까지 살았으면 좋겠습니다.

사랑 빚

　　　　　다 그렇지는 않겠지만, 인생의 길목마다 만나는 숱한 사람이 나를 만들어 간다는 것을 참 늦게 깨닫는 것 같습니다. 착하고 선한 사람만이 스승은 아니지요. 세상에서 가장 악한 사람도 스승이 될 수 있습니다. 어떻게 생각하면 스승은 꼭 사람만은 아니지요. 세상에 존재하는 모든 것이 다 절대의 스승임을 깨닫습니다. 하찮은 미물일지라도 어느 날 갑자기 그것은 천둥소리보다 더 큰 울림으로 잠자는 나를 깨울 때가 있으니까요. 세상에 스승 아닌 것이 없습니다. 요 며칠 동안 마지막 피서를 시기하며 불어 닥친 태풍조차도 그렇군요. 사람에게서만 생의 스승을 찾으려는 것은 참으로 우매한 소치겠지요. 인간은 모든 것에서 배워야 함을 한시도 잊어서는 안 된다는 생각이 오늘도 듭니다. 만물이 바로 나의 스승이라는 생각이 자꾸 들기 때문이지요. '손자한테 배운다.'는 말은 참 멋있는 진리입니다. 그 겸허함이 얼마나 멋있는지요. 낮지 않으면 보이지 않는 것이 세상의 이치라는 것! 저는 사랑 빚이 참 많은 사람입니다. 가장 큰 빚을 졌던 분은 아마도 지난 2010년 돌아가신 어머니였을 겁니다. 그제 형님네를 다녀오면서 어머니 생각을 많이 했네요. 빚이 많다는 것은 어제보다 한 겹 더 낮아지는 삶이어야 함을 다시 깨닫습니다. 교만하면 사랑 빚은 영원히 갚을 수 없기 때문이지요.

갚아야 할 빛

저는 부자富者들을 그렇게 생각만큼 부러워하지는 않습니다. 또한, 높은 지위를 가진 사람들도 그렇지요. 제가 제일 부러워하는 사람들은 〈인간답게 사는 사람들〉입니다. 물질은 엄청 많은데 부모 형제와 우애하지 않는 집안은 부러움의 대상이 아니지요. 요즘 세상에 누군들 하루 세끼 밥 못 먹는 사람이야 있겠습니까? 문제는 돈이 얼마나 많고 적음이 아니지요. 인간적인 도리를 하고 있느냐가 초점이 될 듯싶습니다. 아무리 많이 배워 똑똑하다 해도 부모를 헌신짝처럼 여긴다든지 아니면 형제와 전혀 우애하지 않는 사람들을 볼라치면 저들이 소유한 물질과 학식과 높은 지위란 것이 도대체 무슨 의미가 있는가 싶을 때가 많지요. 물질이란 한시적으로 사람들을 끌어들이는 힘은 있을지 몰라도 그것은 진짜가 아니지요. 진짜는 아무것도 없어도 그 사람을 아끼고 사랑하는 마음이 평생

가는 것이겠지요. 내 소중한 것을 아낌없이 줄 수 있는 것 말입니다. 부모 형제간에 그런 마음이 없다면 행복은 없습니다. 존재할 수가 없지요. 저는 그렇게 생각합니다. 만금萬金을 쌓아놓고 으르렁 거리는 것 보다 없지만, 정과 사랑을 나누는 소박한 가난이 이 시대에도 정말 최고라고 생각합니다.

세월

　　20세기 초반의 영국의 소설을 대표하는 작가로 제임스 조이스와 함께 이른바 '의식의 흐름'Stream of Consciousness 기법을 선도적으로 주창한 대표적인 소설가는 버지니아 울프(Virginia Woolf, 1882~1941)입니다. 저는 특히 그녀의 작품을 좋아해 지금도 늘 가까이 두고 읽고 있지요. 『등대로』『자기만의 방』 등의 책들은 그녀만이 쓸 수 있는 글이라 생각하지요. 그녀의 작품 중에 1937년 발표한 『세월-The Years』은 제목 때문에 유난히 구미가 당겼던 작품입니다. 세월歲月이란 무엇일까요? 사전적으로는 단순히 "흘러가는 시간, 광음光陰"이 전부일지 모릅니다. 하지만 세월은 그렇게 단순한 의미만을 갖고 있는 것이 아니더군요. 〈도연명〉은 "세월은 사람을 기다리지 않는다."라 했고 『史記』에는 "세월은 얻기 어렵고, 잃기는 쉽다."라 했으며, 영국 속담에도 "광음은 살과 같다.(Time is flies. The hour is flies.)"라는 말도 있네요. 세월만큼 무시무시한 힘을 가진 것도 없는 것 같습니다. 모든 것을 변하게 하는 능력은 오직 세월 뿐인 것 같아요. 고향을 갈 때마다 평생 젖품의 땅을 지켜온 사람들이 보이질 않습니다. 세월은 그렇게 힘이 세고 "세월은 사람을 기다리지 않는다.(Time and tide wait for no man.)"이란 말이 자꾸 떠오릅니다. 내가 아끼고 사랑하는 사람도 세월 속에 언젠가는 그렇게 떠나갈 그 날이 온다는 것! 생각하면 아~찔합니다.

날마다 좋은 날 日日是好日

고전 책을 읽다 보니 마음에 쏙 들어오는 구절이 있네요. 당나라 명승 운문대사는 '날마다 좋은 날 日日是好日'이라는 말을 인용하며 인생의 올바른 자세를 일깨웠다고 합니다. 그가 권하는 세 가지 삶의 자세는 낙천인樂天人, 낙생인樂生人, 낙업인樂業人이었다지요. 즉, 자연과 생명에 대한 긍정과 외경, 인생에 대한 감사와 어울림, 주어진 일에 대한 보람과 기쁨이란 뜻이랍니다. 참 좋은 전언인 듯합니다. 날마다 좋은 날로 살기는 쉽지 않습니다. 그렇지만 그렇게 살려고 노력은 해야겠지요. 저만 하더라도 몸의 장애를 탓할 짬이 없습니다. 그러고 있기에는 이 세상에 허락된 시간이 너무 짧기 때문이지요. 받아들일 것은 받아들이는 것입니다. 내가 할 수 없는 것들에 대해서는 절대 그리고 결코 아파하지도 않습니다. 물론 아쉬움이야 있지요. 그렇지만 내가 할 수 없는 영역이라 여길 때는 오랫동안 마음에 담아 두지 않습니다. 그럴 필요가 없기 때문이지요. 지난주 고향에 갔을 때도 마찬가지였어요. 이튿날 배를 타고 삽시도의 명물이며 보물인 '면삽지'라는 곳엘 갔지만, 썰물이라서 도저히 배에서 내릴 엄두가 나지 않았습니다. 등에 업힐 수조차 없는 최악의 상황이었거든요. 생각하면 아픈 일이긴 하지만, 저는 곧 맘을 돌렸지요. 왜냐면 내 영역 밖이었기 때문입니다. 어떻게 하면 오늘도 진짜 좋은 날로 하루를 보낼 수 있을까요. 은혜의 빚은 날마다 좋은 날로 살아야 갚아집니다. 그리고 행복해야지요.

최고의 스승

 "우리는 죽는 날까지 사는 법을 배워야 한다. 동시에 죽는 법도 배워야 한다." 기원전의 철학자 세네카가 한 말이라고 합니다. 『소유냐 존재냐To have or to be』로 유명한 에리히 프롬(Erich Fromm)의 『건전한 사회』라는 책 속에 인용된 문구지요. 글귀를 읽으면서 고개가 절로 끄덕여집니다. 사는 법을 과연 얼마나 알까 싶기 때문이지요. 생을 모르는데 죽음을 어찌 알겠는가 싶고요. 생각할수록 생生이란 그만큼 완벽한 기저基底를 드러내지 않는 비밀의 심연深淵 같은 것이라 생각됩니다. 이 세상에 수많은 철학자, 사상가가 역사와 더불어 존재해 왔지만, 생을 모두 해독해 냈다는 사람은 없지요. 해독했다 해도 그것은 여전히 그만의 학설일 뿐이니까요. 인간의 몸은 이미 거의 판독이 끝난 상태지만, 생生이란 어쩌면 영원히 DNA처럼 완벽한 해독이란 있을 수 없는 것인지도 모르겠습니다. 끝이 없는 것이기에 배워야 하는 것이란 말이 가슴에 와 닿는군요. 배움이란 그래서 평생 동행해야 할 분신이란 생각도 듭니다. 인간을 포함한 만물萬物이 바로 최고의 스승이라는데 큰 위안을 삼아봅니다.

사회적 관계의 중요성

　　　　　　이 세상에는 두 종류의 인간이 있다고 합니다. '그 사람이 들어오면 분위기가 고조되는 사람'과 '그 사람이 나가면 분위기가 고조되는 사람.' 이라지요. 당신은 어느 쪽에 속한다고 생각하시는지요? 참 쉽지 않은 문제입니다. 다분히 상대적이라는 생각이 우선 드네요. 아무리 완벽하게 일생을 살고 있다 해도 모든 사람에게 칭찬을 받을 수는 없는데 그렇다면 어떻게 살아야 분위기가 고조되는 사람으로 살 수 있을까요. 제 개인적으로는 세대를 초월해서 모든 사람과 친구가 될 수 있는 사람이 아닐까 싶습니다. 할아버지와 손자가 친구가 되는 것이지요. 대화가 통할 수 있는 것 말입니다. 사람과 사람을 가장 멀어지게 하는 것은 바로 〈대화와 소통의 부재〉이며 세대를 연구하지 않는 사람들일 겁니다. 기성세대는 아이돌 그룹을 연구할 필요가 있다는 것이지요. 세계의 젊은이들이 왜

K 팝을 좋아하고 한류의 선봉에 열광하고 있는지를 연구해야 한다는 것입니다. 또 하나는 〈인간성〉이겠지요. 사람 됨됨이가 그만큼 중요하다 하겠습니다. 각이진 사람은 어디에서도 환영받지 못하지요. '좋은 사람'이라는 기준이 뭘까요. 높은 지위와 물질을 많이 소유했다고 해서 좋은 사람은 결코 될 수 없습니다. 세대를 초월한 시대 흐름을 바르게 읽을 수 있어야만 이제는 어느 곳에서든 분위기가 고조되는 사람이 되지 않을까 싶습니다. 지난번 고향에 갔을 때 칠순이 넘으신 고모님이 오셔서 조카들과 한바탕 신명 나게 춤을 추며 노래를 몇 곡 부르고 가셨지요. 그것이 바로 세대를 초월한 소통이며 통섭統攝의 키워드라고 생각합니다.

재능 기부

'기부寄附'란 어떠한 일에 보조의 목적으로 재물을 내어 줌을 이르는 말이지요. 일반적으로 돈을 내놓는 행위를 말합니다. 우리나라보다 훨씬 기부문화가 발전한 서양에서는 기부라는 것이 일반화, 혹은 일상화돼 있다고 합니다. 기부는 누구나 하는 것이고 그렇게 특별한 행위가 아니라는 것이지요. 그에 비해 우리나라는 아직도 생색을 내기 위한 행위쯤으로 간주하는 경우가 적지 않습니다. 가지고 온 물건을 잔뜩 쌓아놓고 길게 늘어서서 사진을 찍어가는 행위들이 바로 그렇지요. 사진을 찍기 위해 기부를 하는 가장 일반적인 형태가 아닌가 싶기도 합니다. 이런 기부문화 속에 최근 변화의 바람이 거세게 불고 있지요. 다름 아닌 '재능 기부'가 바로 그것입니다. 물질로는 못하지만 내가 할 수 있는 것으로 남을 돕는 행위를 말하지요. 이들은 하나같이 평범한 사람들입니다. 아름다운 사람들이지요. 자신의 재능을 사장하지 않고 이웃과 함께 나누는 사람들을 볼라치면 사람 사는 멋과 맛이 활짝 피지요. 굳이 봉사단체에 가입 하지 않았더라도 묵묵히 시간을 내어 자신의 행복과 이웃을 위해 생명처럼 소중한 시간을 쓰는 사람들을 보면 이 사회가 이런 사람들에 의해 굴러가는구나 싶습니다. 저도 작지만, 일주일에 네 번 복지관에 나가 90분씩 영어수업을 진행합니다. 대가를 바라고 하는 것이 아니므로 오늘도 할 수 있음에 더 감사하며 행복한 마음으로 새날을 시작하지요.

인생의 가장 큰 목표

　　　　　　모든 사람의 대답이 한결같지 않을까 싶습니다. 행복한 삶을 사는 것이 바로 그것이 아닐까요? 진부한 이야기 일지는 몰라도 저 또한 마찬가지입니다. 그런데 그 행복한 삶에 사랑이 없다면 그건 한마디로 사막 그 자체지요. 어떻게 생각하면 사랑이란 이 세상이 존재하는 이유인 듯싶습니다. "There is only one happiness in life: to love and be loved인생에서 유일한 행복은 사랑하고 사랑받는 것이다."란 말이 아니어도 그래, 그렇지, 그게 삶인 게야 싶네요. 얼마 전에도 썼지만 부모·형제가 불화한 집안이라면 진정한 행복과 평화는 없습니다. 남편이나 아내나 자식하고도 마찬가지겠지요. 또한, 홀로 사는 사람에게도 사랑이 없다면 진정한 행복이 존재할 수 있을까 싶네요. 톨스토이 말처럼 사람은 사랑으로 살기 때문이겠지요. 누군가를 사랑한다는 것처럼 아름다운 것도 없습니다. 어떤 조건이나 대가 때문에 사랑하는 것이 아닌 그런 사랑도 아직은 존재한다고 믿고 싶어집니다. 존 레넌이 불렀던 노랫말에 이런 가사가 나오지요. You may say I'm a dreamer. 당신은 나를 몽상가라고 부를지도 모릅니다 라고. 어떻게 생각하면 특히나 시대를 잘 읽는다는 사람들이 더할지도 모르겠어요. 하지만 저는 비록 그럴지라도 세상과 나를 사랑하는 그 풋풋한 '사랑의 끈'은 평생 잃지 않고 싶습니다. 사랑받는 것 Be loved가 욕심이라면 사랑하는 것 To love는 영원히 가능하니까요.

역동逆動적인 삶

저는 역동적인 삶을 사랑합니다. 그물에 갓 잡힌 생선처럼 역동적이고 갓 튕긴 공처럼 탄력적인 삶을 무엇보다도 사랑하기 때문이지요. 개인적으로 침체沈滯된 삶을 제일 싫어하고 미워합니다. 모든 것을 자신이 아닌 남과 세상 탓으로 또는 타인한테 전가하는 사람을 제일 싫어하지요. 내 탓이 아니라 오늘 내가 이렇게 된 것은 세상 탓이라는 논리를 펴는 사람들을 엄청 미워합니다. 일순 그런 원인이나 이유가 전혀 없기야 하겠습니까 만, 그것에 좌절하며 오늘 그것이 인생의 벽壁이라 한다면 오늘날 그 누가 백 퍼센트 긍정의 합리성 논리를 펴줄까 싶기도 하네요. 솔직히 없을 겁니다. 저만 하더라도 지난 1980년 7월 수강생이 근 40여 명이었을 때, 정부로부터 학원 및 개인과외가 전면 금지되면서 가장 어렵고 힘든 세월을 보냈던 때가 있었습니다. 이 세상에서 내가 할 수 있는 것은 유일하게 남에게 영어를 가르치는 것이었는데, 그 길이 막혔을 때의 막막함을 지금도 잊지 못합니다. 그렇다고 다른 길을 모색할 수 있는 건강의 여건도 되지 못하던 때였기에 상심은 그만큼 컸었지요. 그렇지만 지금 가만히 생각해 보면 당시 정부 탓만 하지 않고 언젠가 꿈을 펼칠 수 있는 미래의 날이 오리라는 꿈을 안고 희망의 빛이 보이지 않음에도 꾸준히 영어공부를 했었던 것은 지금 생각하면 얼마나 멋지고 아름다운 것이었던가 싶습니다. 그 생각을 할 때면 자신이 참 대견스럽기도 합니다. 대학을 졸업하고 군대에 갔다 왔어도 취업에 실패하고 집에서 빈둥거리며 보내는 숱한 사람들이 있습니다. 당장은 길이 보이지 않아도 훗날을 위해 오늘 컴퓨터 게임만 해서는 정녕 안 될 것입니다.

세상에서 가장 아름다운 방

당연히 사람마다 다르겠지요. 방은 '마음이 사는 곳'이라 생각합니다. 당연히 지친 영육을 치유하는 역할도 하는 방이어야겠지요. 생각하면 나의 방에 존재하는 모든 사물은 나와의 인연 때문에 그 자리에 있지요. 어떤 것은 아주 짧은 인연으로 끝맺음하기도 하지만 또 어떤 것은 평생을 함께하는 질긴 인연도 숱하게 많습니다. 제 방 안엔 거의 책이 대부분이지만, 저는 이 방을 사랑합니다. 세상에 온갖 번잡한 일들을 겪더라도 방안에만 들어오면 그 모든 것들이 눈 녹듯 사라지니까요. 그래서 방안엔 제 영혼이 사는 것뿐만 아니라 마음을 치유하는 치료자가 사는 방이라 생각히지요. 좁으면 좁은 대로 그냥 삽니다. 서권기에서 뿜어져 나오는 향내가 고서만큼은 아니더라도 책이란 숱한 스승을 모시고 사는 것 같기에 더 좋습니다. 그들과 끊임없이 무언의 대화를 나누다 보면 방은 내가 진정 가장 크게 위안의 쉼을 얻는 곳이고 또 그렇게 만들어야 한다는 생각뿐이네요. 값진 것으로 화려하게 꾸미는 것만이 행복을 주는 것이 아니듯, 소박하지만 나만의 방을 꾸밀 때 그 방은 내 삶의 면역력을 높여주는 치유와 산실産室의 방으로 재탄생하는 것이라 생각합니다.

생음악과 전자음악

　　　　　　인류에게 준 신神의 선물 가운데 가장 위대한 것이 무엇일까요. 저는 단연 '음악'이라고 생각합니다. 소리에 의한 예술이라고 단순하게 얘기할 수도 있겠지만, 음악은 인류 공통의 언어이면서 모든 예술 중에서 순수하게 종교적인 것 또한 음악이 아닐 수 없기 때문입니다. '음악이 없다면 인생이란 하나의 착오일 것이다.'란 니체의 표현이 아니더라도 음악이 없는 삶을 상상하기는 어렵습니다. 얼마 전 제1회 박경리문학상 수상자인『광장』의 작가 최인훈은 '음악이야말로 가장 순수한 영혼의 데생이다.'란 말을 했지요. 음악이 없는 삶을 상상하기는 어렵습니다. 삶이 곧 음악이기 때문이지요. 그만큼 음악은 우리의 삶에 아주 깊숙이 자리하고 있습니다. 저는 특히 생음악을 좋아하는데, 유일하게 조금 다룰 줄 아는 기타 음악을 좋아합니다. 노래방 체질이 아니어서 분위기에 끌려 가끔 가긴

하지만 그때마다 특별히 좋다는 느낌은 없더군요. 그제 작은형님의 회갑 모임에서 사촌 동생과 두 대의 기타로 맞춘 화음은 참석한 모든 하객으로부터 칭찬을 받았고 매우 신선했다는 얘길 들었습니다. 어떻게 보면 현대는 전자음에 너무 익숙해진 탓이 아닌가 싶기도 하네요. 생음악을 접할 기회가 그만큼 줄어들었다는 뜻도 될 것 같습니다. 중간에 기타 줄이 끊어지는 사고(?)가 있었지만, 생음악은 그렇게 몰입하게 하고 취하게 만드는 마력이 있는 것 같습니다.

본능과 금욕

인간을 포함한 모든 동물에게는 자연적인 본능本能-Instinct이 있습니다. 생물이 선천적으로 가지고 있는 동작이나 운동 등을 말하지요. 대표적인 것으로 식욕과 성욕이 있겠지요. 그것은 교육으로 이루어지는 것이 아닙니다. 본능이기 때문이지요. 이에 비해 금욕禁慾-Abstinence은 육체상의 욕망을 인위적으로 금지하는 것을 뜻하지요. 특정한 성직에 종사하는 신부 혹은 스님뿐만 아니라 수녀, 정녀, 비구니 등도 철저히 금욕생활을 하는 것으로 알려져 있습니다. 조계종 등 불교 승려의 대부분은 독신자로 살면서 수행하지요. 그들은 이른바 오신채五辛菜라 해서 파, 마늘, 달래, 양파, 부추 등도 먹지 않습니다. 음욕을 불러온다는 이유에서이지요. 석가모니 붓다도 출가자들에게 평생 성행위를 가져서는 안 된다는 것을 많은 경전에서 강조했다고 합니다. 어떻게 보면 금욕은 해탈을 위한 것이라고 이해할 수 있겠지요. 재가자의 경우 성욕을 충족하는 오욕락을 누리는 삶은 인정하지요. 다행히 아닐 수 없습니다. 그런데 저는 가끔 이런 의문이 듭니다. 자신의 욕망까지 다 억제하면서 평생 해탈을 위한 그 힘든 세월을 살지만, 자손을 남기는 것도 아니고 자신 외에 무엇을 위함인가 하고요. 자신만 해탈해서 잘 살다 가면 된다는 뜻일까요?

세상에서 제일 유치한 인사

벌써 수년 전에 '부자 되세요'란 인사말이 유행했던 적이 있었습니다. 참 어이없는 구호(?)였지요. 세상에 그런 인사말이 어디 있습니까? 그 말에는 무슨 짓을 해서라도 부자만 되면 된다는 속내가 담겨 있는 것이 아니었던가요. 생각할수록 어이없는 인사말이었는데 요즘에는 사그라진 듯싶어 다행입니다. 아무리 세상이 물질로 치닫는다 해도 그것이 전부일 수는 없습니다. 정당하고 떳떳하게 모은 재산이 아닌 다음에는 행복은 결코 없기 때문이지요. 평안함 없다는 말입니다. 평안이란 편안과는 다르다고 생각합니다. 아무리 편안해도 정도正道가 아닌 삶에는 평안이 없지요. 평안함은 부끄럼 없는 삶 속에서만 누릴 수 있는 천상의 선물이 아닐까 싶습니다. 낙엽이 떨어지는 거리에서 아침부터 저녁까지 부지런히 청소 하고 계신 분들을 보면 참 아름답다는 생각이 듭니다. 각 아파트

단지를 돌면서 그 냄새나는 쓰레기를 치워가는 분들 또한 그렇지요. 새벽 공기를 가르며 신문을 배달하는 이웃들도 역시 아름답습니다. 그렇게들 처한 환경에서 열심히 살아가는 사람들을 보면 세상이 아름다워 눈물이 납니다. 누가 이렇게들 모여 사는 이 멋진 세상을 물질이 전부인 것처럼 인식하게 만들 수 있단 말입니까. 가진 것 적어도 부자가 아니어도 하늘에 한 점 부끄럼 없는 사람들이 많으면 많을수록 그들은 더 부자 될 수 없는 이 지상의 최고의 갑부들입니다. 제발 '부자 되세요'란 유치한 인사는 더 이상 하지 마세요.

움베르토 에코

움베르토 에코(Umberto Eco, 1932~2016)는 이탈리아의 세계적인 20세기 최고의 석학입니다. 우리나라에도 그의 책 『장미의 이름Il nome della rosa』으로 널리 알려져 있지요. 이 작품은 중세의 한 이탈리아의 수도원에서 일어난 연쇄 살인 사건을 다룬 지적 추리소설입니다. 아리스토텔레스의 논리학과 토마스 아퀴나스의 신학, 프랜시스 베이컨의 경험주의 철학에, 에코 자신의 해박한 인류학적 지식과 현대의 기호학 이론이 무르녹아 있는 지적 보고라고 할 수 있지요. 이 책은 이미 우리나라에서도 모든 신학생의 필독서로 자리 잡은 움베르토 에코의 필생의 역작입니다. 그는 기호학자인 동시에 철학자, 역사학자, 미학자로 활동하고 있는 전방위적 인물로 볼로냐대학교의 교수를 역임했지요. 그는 모국어인 이탈리아어를 비롯해 영어, 프랑스어, 독일어, 라틴어, 그리스어, 러시아어, 에스

파냐어까지 통달한 언어의 천재입니다. 이러한 이유로 레오나르도 다 빈치(Leonardo da Vinci) 이래 최고의 르네상스적 인물이라는 칭호를 얻고 있지요. 이 사람의 지적 능력은 입이 절로 벌어질 정도입니다. 에코의 책 한 권 읽는 것도 좋을 듯합니다.

설득의 3박자

　　　　　　주변에는 말을 참 잘하는 사람들이 있습니다. 저 사람은 어떻게 저렇게 말을 술술 잘할까 하고 부러워할 때가 있지요. 학식이 낮은데도 말을 잘하는 사람이 있는가 하면 그렇지 않은 경우도 숱하게 많습니다. 최고의 학부를 나온 사람도 말은 잘 못 하는 경우가 흔하지요. 현대는 설득의 시대라는 게 맞는 것 같습니다. 어떻게 말을 하느냐에 따라 모든 상황이 달라지기 때문이지요. 일찍이 철학자 아리스토텔레스는 에토스Ethos, 파토스Pathos, 로고스Logos, 이 셋을 설득의 기본으로 삼았습니다. 성품이란 뜻의 에토스, 감정이란 뜻의 파토스, 그리고 논리라는 뜻의 로고스! 이 셋 중에서 무엇이 가장 중요할까요? 아마도 사람마다 다르지 않을까 싶기도 합니다. 어느 것에 중점을 두느냐에 따라 설득의 의미는 달라지겠지요. 요즘 대부분의 논술학원에서는 논리부터 가르친다고 하는데 걱정이 됩니다. 논술을 배워서 인격이 훌륭해지는 법은 없기 때문이지요. 저는 무엇보다 중요한 것은 에토스, 즉 성품이라고 생각합니다. 인간 됨됨이기 때문이지요. 말만 번지르르 하게 하면 뭣에 쓸까요. 감정도 중요하고 사실 '팩트'fact에 기초한 논리 또한 중요하지만, 에토스를 충실하게 다진 후 파토스를 연마하고 끝으로 로고스로 이루어지는 과정이 어떨까 싶습니다.

해석할 수 없는 것

대표적인 예가 시詩가 아닌가 싶습니다. 시는 해부해서 분석하는 것이 아니라 읽는 것이 우선이기 때문이지요. 어떻게 생각하면 시는 해답이 있을 수 없는지도 모릅니다. 그런데도 평자評者들은 시를 끊임없이 해부解剖하지요. 좋은 시는 읽는 사람마다 느낌이 다를 수밖에 없습니다. 시가 단순히 하나의 의미만을 갖고 있다면 어쩌면 그것은 이미 좋은 시가 아닐지 모릅니다. 시란 그만큼 다의적인 것이라고 할 수 있지요. 시를 쓴 시인조차 알지 못하는 내용으로 시를 해부하는 행위가 과연 옳은 것이고 또 바람직한 것인가 '내버려 둬' 상황이라고는 하지만 이런 현상은 시만이 가질 수 있는 독특한 장르 때문이란 점에서 묻힐 수도 있겠지만, 시를 사랑하는 독자들의 입장에서 보면 혼란스러울 때가 한두 번이 아니지요. 지인 중에 어떤 이들은 시집 뒤에 있는 평자들의 서평을 아예 읽지 않는다는 얘기도 듣습니다. 저는 꼬박꼬박 읽는 편인데, 그때마다 심한 관점의 차이를 느끼곤 하지요. 시를 제대로 읽는다는 것이 어떤 것인지를 떠나 모든 사람이 시를 읽고 더 많이 사랑했으면 좋겠습니다.

책임

책임責任-Responsibility이란 도맡아 해야 할 임무나 의무를 이르기도 하지만 어떤 일의 결과에 대하여 책임 지는 의무나 부담 또는 그 결과로 받는 제재制裁를 뜻합니다. 예를 들면 가장에게는 가족을 부양할 책임이 있다와 같은 것이겠지요. A.링컨은 그의『연설집』에서 '40세가 지난 사람은 자기 얼굴에 책임을 져야 한다.'라고 했고 A.생텍쥐페리는 그의 책『인간의 대지』에서 '사람이 된다는 것은 바로 책임을 안다는 것이다.'라고 했지요. 또한, 공자는『논어』에서 군자는 자기에게 책임을 추궁하고 소인은 남에게 추궁한다.'란 말도 했습니다. 하지만 저는 믿습니다. 책임이 있는 곳에는 반드시 이에 따르는 능력이 있다는 것을요. 윤영춘이란 분은 그의『행복은 너의 것』에서 이런 말도 했지요. '사람의 일생을 통하여 가장 명예스러운 일은 자기 책임을 다한 뒤에 오는 성공이다. 위대한 사람치고 책임을 다하지 않은 사람은 없으며, 큰 책임을 다한 사람이라야 큰 인물이 되어지는 것이다.'라고 말예요. 어떻게 생각해 보면 책임이란 무서운 것이기도 하네요. 하지만 책임이 있으므로 사람은 더 열심히 자기 일을 하는지도 모르겠습니다.

마중물

고운 우리말이 많지만 그중에 하나가 '마중물'입니다. 마중물이란 펌프로 물을 퍼 올릴 때, 물을 끌어올리기 위하여 먼저 윗부분에 붓는 물이지요. 그냥 물은 나오지 않습니다. 물을 퍼 올리기 위해서는 마중물이 필요하듯 인간사 모든 것이 그와 같다는 생각을 해보네요. 낚시를 하기 위해서도 미끼(밥)가 필요하듯 말입니다. 모든 학문이 그렇고 땅과 바다에서 나는 모든 것들이 이와 마찬가지입니다. 수고와 애씀이라는 마중물이 없다면 그 어떤 소득도 안겨주지 않지요. 노동과 수고를 해야만 얻을 수 있다는 단순한 진리는 어찌 보면 삶이란 그렇게 복잡한 수학이 아니라는 생각도 해봅니다. 결과는 어떤가요. 마중물은 아주 작은 양인데 퍼 올리는 물의 양은 엄청나지요. 낚시에 드리우는 미끼는 아주 미미한 것이지만 올라오는 고기는 비교할 수 없듯이 말입니다. 농작물을 생각해 보면 세상에 은혜 아닌 것이 없습니다. 몇 배에서 수천만 배까지 덤으로 받을 수 있으니 말입니다. 노력하면 얻을 수 있는 이 단순한 진리는 삶의 큰 축복입니다.

누군가를 좋아한다는 것

저는 좋아하는 사람이 유난히 많습니다. 한 편의 시로 인해 그 시를 쓴 시인을 평생 좋아하는 경우는 엄청 많은 것 같네요. 시인뿐이 아니지요. 작가나 음악가는 말할 것도 없고 저에게 영향을 준 수많은 사람들을 좋아하고 사랑합니다. 예술가들이 대부분이지만, 사회생활에서 만난 사람들 또한 그렇지요. 사람을 미워하는 것처럼 어렵고 힘든 일도 없습니다. 저는 누구를 그렇게 미워해본 기억이 별로 없지만, 가만 생각해 보면 전혀 없지도 않더라고요. 그중에서도 지난날 사랑의 상처는 몸살 나게 아픈 것이었고 때론 미워도 했지만, 어찌 보면 그들 또한 내 인생의 스승이었음을 깨닫습니다. 좋은 제목 하나만으로도 단번에 좋아하게 되는 경우도 많더라고요. 양귀자의『슬픔도 힘이 된다』허수경의『슬픔만 한 거름이 어디 있으랴』등. 이게 인생인가 싶어 눈을 감아보기도 하고 별 볼일 없는 하늘을 쳐다보기도 합니다. 좋아하는 사람이 많으면 많을수록 삶이 넉넉해지고 풍성해진다는 것을 오늘도 깨닫습니다. 마음 그릇이 작아 세상의 고귀한 사랑 할 것들을 다 주워 담을 수 없는 것이 한계일 뿐 사랑은 곳곳에 널려 있고 좋아하는 사람 또한 그러합니다. 짧은 인연에도 감사하며 누군가를 좋아할 수 있는 이 마음 밭의 거름을 한 줌 더 주고 싶어집니다.

좋아하는 걸 하세요

"좋아하는 걸 하세요Do what you love." 2011년 세상을 떠난 스티브 잡스의 창조와 혁신의 첫 번째 원칙입니다. '지금 하는 일이 좋아서 하는 일인가, 아닌가?'가 열쇠라 는 것이지요. 정말 그럴 수만 있다면 얼마나 좋을까 싶네요. 자기가 좋아서 하는 일이라면 분명 매 순간 신이 날 것입니다. 그 일을 해서 돈까지 벌 수 있다면 말 그대로 금상첨화겠지요. 하지만 대부분의 사람들은 그렇지 못합니다. 하고 싶지 않지만 어쩔 수 없이 일을 하고 있는 사람들이 많지요. 자기 적성에 맞는 일을 찾는다는 것이 어찌 쉽겠는가요. 그런 면에서 보면 거의 평생을 영어 과외 선생으로 살아온 저는 행복하게 살고 있는지도 모르겠습니다. 저는 영어를 가르치는 일이 즐겁습니다. 큰돈은 안 되지만 생활을 할 수 있고 가르친다고 하는 것은 배우는 것이기 때문에 더 좋아하지요. 내가 알지 못하고는 전

할 수 없으니 평생을 공부할 수 있어 좋더라고요. 〈불광불급〉이라는 말도 있지만 어떤 일에 미칠 수 있다는 것은 참 소중한 삶이라 여겨집니다. 억지로는 정말 힘이 들어요. 하고 싶지 않은 일이기 때문이겠죠. 책을 읽다가 밑줄을 긋게 되는 한 줄의 글귀가 인생을 바꿀 수 있고, 영화나 노랫말에서조차 눈을 번쩍 뜨이게 하는 말들이 있어 행복합니다. 마음과 적성에 꼭 맞지 않는다 하더라도 그것이 내 인생의 길에 큰 도움이 된다면 해야겠지요.

신뢰가 허물어졌을 때

사람이 사람을 믿는다는 것처럼 소중한 것도 없습니다. 어떤 상황에서도 그 사람에 대한 믿음이 있다는 것은 실로 엄청난 관계지요. 어떤 사람은 그런 아름다운 인간관계를 평생 지속하는 때도 많습니다. 상황이나 여건이 어떻게 변하든 무관하게 서로의 사람됨을 의심하지 않고 꿋꿋하게 믿어주고 신뢰해주는 사람이 가까이 있다는 것은 실로 큰 축복이지요. 그런 사람은 언제나 든든합니다. 나를 믿어주는 사람이 가까이 있다는 것만큼 인간사에 흐뭇한 것이 또 있을까 싶기도 하네요. 서로에게 평생 좋은 사람이 되기는 쉽지 않습니다. 인간이란 것이 본시 불완전한 존재이다 보니 더 그렇지요. 아홉 번 잘하다가 딱 한 번만 잘못하면 서운해합니다. 아홉 번 잘했던 것은 송두리째 아예 생각조차 하지 않으려 하는 사람들도 많습니다. 저도 이번에 그런 경우를 겪으면서 그것이 얼마나 아픈 것인가를 새삼 깨닫게 됐네요. 인간관계라는 것이 것이 결코 쉽지 않구나 싶습니다. 지인에 대한 애정이 깊으면 깊을수록 상심은 더 한 것 같고 또 당연한 것 같습니다. 언제까지나 나를 신뢰해주고 믿어 주리라 여겼던 믿음이 깨졌을 때의 실망감은 실로 절망스럽지요. 사람을 어디까지 믿고 사랑해야 할 것인가 싶네요.

자기에게 선물 주기

　　　　사람에게는 누구에게나 장단점이 있습니다. 일반적으로 장점보다는 단점을 더 많이 가지고 있는 것 같습니다. 바로 제 얘깁니다. 눈에 띄는 장점 보다는 버리고 싶은 단점이 정말 많습니다. 그런데도 작심은 늘 며칠을 못가고 흐지부지되는 경우가 참 많지요. 연약한 심성 탓이라 할 수도 있겠지만, 중요한 것은 의지의 부족 탓이라 여겨집니다. 단점의 숫자를 버리고 장점을 늘려가야 할 텐데 어떻게 하면 그게 가능할까요? 저는 장점을 먼저 늘리려고 하진 않습니다. 다만 단점을 버리려고 노력하지요. 자신의 나쁜 습관을 바꿀 작은 행동의 변화가 없이는 결단코 단점에서 벗어날 수 없다 여겨집니다. 그래서 늘 단점을 버리려고 하지요. 가만 생각해 보면 내 이성을 마비시키고 정신과 육체의 시간을 갉아먹는 것들이 너무 많습니다. 술도 그중의 하나지요. 골프나 담배를 배우지 못한 것은 정말 잘 한 일입니다. 바둑을 좋아하지만, 최근에 거의 두지 않고 있습니다. 시간을 너무 많이 빼앗기기 때문이지요. 바탕화면에서 바둑 아이콘을 가차 없이 지워버린 지는 이미 몇 년이 흘렀습니다. 단점을 버리는 연습은 내가 나로 사는 천상천하 자기에게 주는 최고의 선물이 아닐까 싶습니다.

신화 읽기의 소중함

신화神話는 생각의 보물창고이면서 설화의 한 가지라고 할 수 있지요. 나라마다 민족·국가의 기원, 초자연적 존재와 그 사적事績, 유사 이전의 민족사 따위의 신성한 이야기로, 구전 전승되는 경우가 대부분입니다. 단군 신화가 이어 해당되겠지요. 또한 신화는 믿기 어려울 만큼 획기적인 업적을 비유적으로 일컫기도 합니다. 저는 특히 신화 읽기를 좋아합니다. 아주 오래전에는 불 핀치의 『그리스 로마신화』를 여러 번 읽었고 최근에는 『이윤기의 그리스 로마 신화』(1~5)를 읽고 또 읽었습니다. 신화를 읽다 보면 현실 세계에서는 존재할 수 없는 얘기들이 무궁무진하게 나오지요. 신들의 이름도 헤아릴 수 없을 만큼 많습니다. 언뜻 생각하면 비현실적인 얘기를 왜 읽나 싶을 때가 있지요. 하지만 신화는 끝없는 생각의 나래를 펼치게 함은 물론, 자꾸만 각지고 굳어가는 생각의 틀을 허물게 합니다. 흔히 시인을 면허받은 거짓말쟁이라고 하지요. 백발의 길이가 3천 길에 이른다는 이백의 과장과 허풍의 명구를 놓고 시비할 사람은 아무도 없습니다. 신화 또한 생각의 끝을 보여주지 않습니다. 바닥을 완전히 드러내지도 않지요. 무한한 생각으로 인도하는 책이기에 신화는 더욱 매력적입니다. 해답 없는 인생사가 때로 훨씬 더 살 만합니다.

위로의 힘

　　　　　현대사회는 특히나 외로운 사람들이 많습니다. 혼자 사는 사람들이 그만큼 많기 때문이기도 하지만, 근본적인 것은 사람과 사람 사이에 벽이 너무 많기 때문이지요. 문명이 벽을 만들고 사람들은 자꾸만 그 고립 속으로 침잠돼 들어가는 시대의 아픔이 바로 여기에 있습니다. 사람의 외로움은 인간 존재 그 자체이기도 하지요. 그래서 정호승 시인은 〈외로우니까 사람이다〉라고 했는지도 모르겠습니다. 그렇기에 사람은 사람을 만나 서로 교감하면서 존재의 외로움을 극복하고 스스로 갇힌 고립의 틈에서 탈출할 수 있는 진지의 구축이 그만큼 필요하다 하겠습니다. 그 해법의 실마리는 마음을 여는 데서부터 출발합니다. 그것은 다름 아닌 위로의 마음이 아닐까 싶어요. 거창할 필요도 없지요. 그저 바라봐주는 것만으로도 충분합니다. 거기에 따뜻한 한마디는 생의 혹한을 녹이는 해빙의 몸짓이기도 하지요. 외로운 사람들이 너무 많습니다. 노인수당 20만원으로 한 달을 버티는 숱한 노인들과 냉방에서 그것도 전기도 없이 하루 한 끼는 라면으로 때우는 사람들, 학업 스트레스에 목숨을 걸고 있는 학생들은 또 얼마나 많은가요. 직업을 구할 수 없어 겨울나기가 힘겨운 실직자와 이런저런 사연으로 혼자 살 수밖에 없는 이들의 비어있는 호주머니 만큼이나 추운 이웃들에게 따뜻한 차라도 한 잔 나눴으면 좋겠습니다.

나를 위한 사치

사치奢侈의 사전적 의미는 '신분에 지나치게 치레함. 분수없이 호사함'이라고 나와 있습니다. 필요 이상의 돈이나 물건을 쓰는 게 사치라는 것이지요. 오늘날 사치와 허영이 때론 인간을 불행하게 하는 일들이 없지도 않지만 저는 자신을 위로하는 위무慰撫 차원에서 스스로 주는 사치는 필요하다고 생각합니다. 여러 가지가 있겠지만, 저의 경우 거의 유일한 사치는 매달 책을 사는 것입니다. 어떤 사람들은 화장품을 사고 예쁜 그릇을 장만하기도 하지요. 남자들은 좋은 차를 뽑기도 합니다. 다 자기가 자기에게 주는 선물인 셈이지요. 저는 이것이 매우 필요하다고 생각합니다. 열심히 일하잖아요. 그런데 아무런 보상이 주어지지 않는다면 얼마나 허전할까 싶기 때문이지요. 아무리 가족을 위한 일이라고는 해도 말입니다. 아내는 남편을 위해 또 남편은 아내를 위해 그렇게 서로의 필요를

채워주는 작은 사치는 오히려 생활에 큰 활력소가 되지 않을까요. 사치라고 해서 거대한 것만 생각할 필요는 없습니다. 그것은 자기 포상이며 다독임이기 때문이지요. 사람은 누구에게 좋아하는 것들이 있습니다. 저는 아끼는 문구류가 많은데 스스로 사는 불과 몇천 원짜리에 감동할 때가 많습니다. 따뜻한 마음의 에너지가 상승곡선을 그을 때 그 짭짤한 행복은 절대 작지 않지요.

만년필

　　　　　불과 몇십 년 전만 해도 만년필은 가장 일반적인 필기구 중의 하나였습니다. 그러던 것이 볼펜과 수성펜에 밀려 거의 자취를 감추더니 어느 순간부터 은근슬쩍 권위의 상징으로 군림하기 시작했지요. 지체가 높은 사람들이 싸인을 하거나 문서에 서명할 때 쓰여서 말 그대로 삐까번쩍하는 값 비싼 제품이란 인식으로 굳어진 듯합니다. 저는 만년필을 아주 소중히 여깁니다. 자잘한 몇 가지 추억도 있는데 될 수 있는대로 마음을 전하는 데는 자필로 그것도 만년필로 쓰려고 노력합니다. 한 자루를 갖고 근 40년을 썼더니 이젠 글씨가 아주 굵게 나오지만, 여전히 아끼는 애장품 중의 하나지요. 그 만년필을 선물해 주신 분을 잊지 못해서이기도 하지만, 볼펜으로 글을 쓸 때하고는 비교도 할 수 없는 어떤 편안함이 느껴져서 여간 좋아하지 않습니다. 제가 쓰고 있는 것은 독일제인데 몸통을 돌려서 잉크를 넣는 방식이고 밖에서 잉크의 양을 확인할 수 있어 더 좋아합니다. 세월의 변화 탓인지 권위의 상징이던 그 만년필이 변화의 조짐을 보인다고 하네요. 파커, 워터맨 헤미스피어, 파버카스텔 등을 비롯한 제조사들이 그렇게 비싸지 않은 제품들을 많이 내놓고 있어 다시 붐을 일으키고 있다고 합니다. 상상을 초월하는 그런 값이 아니라 이젠 10만원 미만에도 괜찮은 것을 살 수 있다고 하니 이젠 볼펜이 아닌 호주머니 속의 변화를 가져봄도 괜찮을 듯합니다.

편지

저는 십 대부터 편지를 참 많이 썼습니다. 열다섯에 처음 객지 생활을 시작했던 때부터 컴퓨터를 만나기 전인 30대 중반까지 줄곧 편지를 썼으니까요. 아마도 제가 이렇게 매일 칼럼을 쓸 수 있는 것은 아마도 그 시절 일기도 그렇지만 편지를 썼던 때문이 아니었을까 싶습니다. 하지만 흰 봉투에 자필로 된 편지를 쓰고 받아본 지는 정말 오래됐네요. 그립습니다. 편지를 보내고 답장이 오기를 기다려보지 않은 사람은 아마 없을 테지요. 특히 연인에게 보낸 편지는 더했지요. 밤새 써서 아침에 읽어보면 도저히 유치해서 보낼 수 없었던 기억 하나쯤은 누구나 다 갖고 있을 겁니다. 편지를 많이 쓰고 또 기가 차게 잘 쓴다고 장가를 가는 것은 제 경우를 보면 아니더군요. 하지만 편지는 여전히 아련한 추억을 담은 어떤 진한 그리움의 실체이기도 하지요. 컴퓨터는 정말 많은 것을 앗아갔습니다. 누구를 탓할 것도 없이 저만 하더라도 편지를 쓰지 않으니까요. 제가 쓰지 않으니 잉크 냄새와 그 사람 향내가 펄펄 나는 답장을 받을 리 없지요. 모두 제 탓입니다. 그렇지만 지금도 도심의 천덕꾸러기처럼 구석에 내몰려 있는 빨간 우체통을 볼라치면 편지를 쓰고 싶어집니다. 우체통에 정다운 눈길을 보낸 지가 그만큼 오래됐기에 한편 미안한 생각도 들지요.

아름다운 도전의 벽

　　　　　세상에서 제일 무서운 것은 '이 나이에 무슨' 이라는 마음의 벽입니다. 휴대전화의 문자를 배우라는 권유에도, 컴퓨터를 배우라는 권유에도, 외국어를 배우라는 권유에도, 악기 하나는 다룰 줄 알아야 하지 않느냐는 권유에도 대부분의 사람들은 '이 나이에 무슨'이라는 철벽을 치고 그냥 포기하는 사람들이 주변엔 정말 많습니다. 날마다 휴대전화의 문자를 받지만 정작 답장을 보낼 줄 몰라 그냥 마는 경우의 사람들이 얼마나 많은지요. 젊은이들은 흔히 '씹는다'란 표현을 하더군요. 참 답답한 일입니다. 앞으로 살아갈 날들이 수십 년인데 어찌하려고 남들 다하는 문자조차 배우려 하지 않는지 저로서는 이해할 수가 없습니다. 제가 이끌고 있는 《활짝웃는독서회》는 한 달에 한 번 모이는데 언젠가 연세가 지긋한 분들이 몇 분 오셨기에 칭찬의 인사를 드렸습니다. 여기 오신 분들은 하나같이

'이 나이에 무슨'이라는 벽을 허문 분들이라고요. 그랬더니 즉각 한 분이 '이 나이에 무슨이라는 벽을 허물고 이젠 도전의 벽을 쌓고 있어요.'라고 하셨습니다. 감동이었지요. 우린 모두 큰 박수로 격려해 드렸습니다. "도전의 벽"이란 표현이 가슴 뭉클할 정도로 큰 감동이었네요. 지금 당장이라도 도전의 벽 쌓기에 도전할 때입니다. 절대 늦지 않았으니까요.

칠정과 여덟 가지 정서

일찍이 동양에서는 희로애락喜怒哀樂과 애愛, 오惡, 그리고 욕欲을 일곱 가지 정서, 즉 칠정七情이라 했지요. 이에 반해 서양의 러스킨(J. Ruskin)이라는 분은 여덟 가지 정서를 제시했습니다. 사랑Love, 존경Veneration, 찬탄Admiration, 기쁨Joy과 이에 대응하는 미움Hate, 분노Indignation, 공포Horror, 슬픔Grief이 바로 그것이지요. 인간의 감정을 나타내는 말들이 왜 이것만 있을까 싶네요. 아마 대표적인 것들이겠지요. 정서는 한마디로 마음의 물결이 아닐까 싶습니다. 하루에도 수천만 가지 마음의 물결이 끊임없이 일렁이지요. 그것이 삶인 것 같습니다. 바다가 찰나의 순간도 멈춤을 탄생시켜보지 못한 이치와 다르지 않겠지요. 그렇게 무수한 물결 속에 하루를 산다 싶으니 삶이 그렇게 위대할 수가 없네요. 잘 살은 하루가 평생의 한 인간을 완성하듯 오늘도 엔도르핀이 솟구치는 살맛

나는 정서情緖만을 만나고 싶어집니다. 물론 욕심이겠지요. 그러나 먹어가는 나이처럼 너그럽고 작디작은 포용력만 키울 수 있다면 까짓 생의 절정은 바로 오늘 찾아오지 않을까요?

존재

햄릿의 고민은 '죽느냐 사느냐To be or not to'였습니다. 그런데 시대는 변하여 이제는 '가졌느냐 못 가졌느냐 To have or not to have'의 시대가 됐지요. 인간을 그의 됨됨이being로 판단하는 것이 아니라 가진 것having으로 저울질한다는 것입니다. 일찍이 독일 출신 유대인 철학자 에리히 프롬(Erich Fromm, 1900~1980)이 말년에 저술한 『소유냐, 존재냐』는 현대사회 인간존재의 문제에 대한 그의 사상을 총결산한 책이라 할 수 있습니다. 소유로 인간의 존재가치를 말한다면 대체 현대사회에서 얼마를 가져야 할까요? 나눔 없이 100억을 가졌다 한들 대체 그게 무슨 소용이 있을까요. 인간은 소유가 아닌 존재 그 자체로 평가돼야 함은 영원한 진리입니다.

제2부
날마다 깨어있는 삶

소유의 사중관

영국의 소설가 이 엠 포스터(E.M. Forster, 1879~1970)가 쓴 작품 중에 흔히 주제가 있는 수필이라는 평을 듣는 〈My Wood〉에서 그는 재산의 소유는 네 가지 부정적인 영향을 끼친다고 봤습니다. 첫째, 몸이 너무 무거워져서 운신이 힘들어진다enormously stout는 것이고, 둘째, 끝없이 더 많은 소유를 원하게 된다endlessly avaricious는 것이며, 셋째, 쓸데없이 창조적인 체하려는 허위의식이 생긴다pseudo-creative고 했으며, 그리고 마지막으로 자신의 소유를 지키기 위해 극도로 이기적이 되어간다 intensely selfish고 했지요. 그는 이 네 가지를 "소유의 사중관"the quadruple crown of possession이라 불렀으며 독자들에게 '소유'의 욕구와 구속으로부터 벗어날 것을 은근히 요구했습니다. 오늘 나는 무엇에게 붙잡혀 있는가 자문해 봅니다.

잘 산다는 것

사람이 잘산다는 것은 무엇일까요? 참 쉽지 않은 문제입니다. 기준 또한 천차만별이겠지요. 부나 권력, 지위, 자식의 출세 등 헤아릴 수 없을 만큼 많다고 생각합니다. 모두 합리성 또한 없지 않지요. 그렇지만 정말 중요한 것은 하나일 수밖에 없습니다. 마음이 편해야 하지 않을까요. 극단적인 표현일지 모르지만 차고 넘칠 만큼 부나 명성 그리고 높은 직위를 갖고 있다 하더라도 마음이 편하지 않으면 절대 행복은 없다고 생각하니까요. 아니 결코 행복할 수가 없지요. 마음이 편하지 않은데 무슨 행복이 있을까요. 시장바닥에서 늙은 할머니와 물건을 흥정할 때 실컷 값을 깎아 물건을 샀다고 해봅시다. 거기엔 결코 진정한 행복이 없습니다. 공생해야지요. 나로 인해 타인이 손해를 크게 봤다면 그게 무슨 참된 행복이겠습니까. 함께 웃지 못하는 인간사 거래는 진정한 행복과 평안함이 있을 수 없지요. 형제간에 법정 투쟁을 벌이고 있는 어느 재벌가가 행복하다고 생각하지 않습니다. 잘살고 있다는 생각은 더더구나 들지 않지요. 그만큼 소유하지 못했고 명성 또한 없지만, 결코 그 집안이 부럽지는 않기 때문입니다. 그런 면에서 보면 마음의 부자로 사는 사람들이 참 행복한, 그리고 잘살고 있는 사람들이란 생각을 다시 해봅니다. 또한 남을 위해서 시간과 재능을 기부하는 사람들이 바로 그런 사람들이 아닐까 싶어요. 나눌 수 있고 줄 수 있다는 것이 얼마나 큰 행복인지를 말입니다. 그들이야말로 정말 인생을 잘살고 있다 하지 않을 수 없지요. 꼭 남을 위한 봉사가 아니더라도 진정한 마음의 주인으로 산다면 비로소 참 큰사람이 되는 것이고 최고로 잘살고 있는 것이겠지요.

인간에 대한 정의

시대에 따라 인간에 대한 정의는 무수히 많았습니다. 파스칼은 인간을 '생각하는 갈대'라고 했고, 어떤 이는 '짐승에서 초인으로 가는 존재'라고도 했으며, 맹자의 성선설性善說도 순자의 성악설性惡說도 있지요. 인간이 다른 동물과 달리 지성을 가진 존재라 하여 호모사피엔스, 인간이 계산적이고 공리적인 존재라 하여 호모에코노미쿠스, 도구를 사용하는 특성이 있으므로 호모파베르, 놀이하고 문화를 창조한다고 하여 호모루덴스라고도 했지요. 한 가지 속성씩을 아주 잘 설명해 줬다는 점에서는 모두 맞는 말이라고 생각합니다. 최근 진화 심리학에서는 인간의 속성을 '이기적 유전자', '이타적 유전자', '배고픈 유전자' 등으로 분류하고 있군요. 요한 하위징아라는 분이 쓴 『호모 루덴스』라는 책을 읽으며 서가에 꽂힌 『언어의 달인 호모 로렌스』 『예술의 달인 호모아르텍스』 『공부의 달인 호모쿵푸스』『사랑과 연애의 달인 호모 에로스』『책읽기의 달인 호모 부커스』를 다시 읽어야겠다 생각합니다. 이래저래 인간이란 참 알 수 없는 존재입니다.

포옹의 힘

포옹抱擁-Embrace, Hug 이란 사전적 의미는 아주 단순합니다. '품에 껴안음'이란 뜻이니까요. 그렇지만 포옹은 그렇게 간단하지 않지요. 혜민 스님의 글에서도 읽을 수 있지만, 오스트레일리아 시드니대학의 앤서니 그랜트 심리학 교수는 포옹이 스트레스에 반응하면서 분비되는 코르티솔이라고 하는 호르몬을 낮추어 병균으로부터의 면역성을 강화하고 혈압을 내려주며 심리적 불안이나 외로움을 감소시키는 영향이 있다고 발표를 했다네요. 또한, 미국 노스캐롤라이나주립대학의 캐런 그레원 교수에 의하면 아침에 부인이나 남편을 20초 정도 포옹해주고 손잡아주면 그렇게 하지 않는 부부에 비해 똑같은 스트레스를 받아도 절반 정도만 몸이 반응한다고 합니다. 사랑하는 사람과의 포옹은 엄청난 힘을 갖고 있습니다. 위의 글이 아니더라도 품에 껴안는 행위의 가장 큰 선물은 '위안과 안정'

이 아닐까 싶어요. 내 곁에 사람이 있다는 것이지요. 그것은 엄청난 힘을 갖고 있습니다. 어떤 문제에 부딪혔을 때 맨 먼저 떠오르는 이가 있는 사람이라면 그렇게 외롭지 않습니다. 남편이나 혹은 아내조차 떠오르지 않는다면 뭔가 잘못된 '썸씽 롱'이지요. 포옹에 인색한 삶은 생을 참 외롭게 만듭니다. 누군가를 허물없이 품에 껴안을 수 있다면 그리고 나의 포옹이 필요한 사람이 있다면 언제든지 인색하지 않고 기꺼이 안아줄 수 있다면, 온통 스트레스뿐인 것 같은 이 세상도 바로 천국의 화원花園이 되겠다 싶어집니다.

마음을 사로잡는 문구류

　　　　　팔자인지는 모르지만, 나이가 들었어도 제 책상 위에는 언제나 책과 문구류가 널려있습니다. 어린 학생도 아닌데 저는 아기자기한 펜들을 비롯한 문구류가 그렇게 좋아요. 그래서 선물을 할 때도 값비싼 것 대신에 주로 문구류로 하는 경우가 많습니다. 특별히 저는 책을 읽을 때 밑줄을 긋는 습관이 있는 관계로 색연필도 아주 좋아합니다. 연필도 다양한 것들을 갖추고 쓰고 있지요. HB가 가장 일반적이지만 진하게 나오는 것부터 가장 흐릿하게 나오는 6H까지 골고루 사용합니다. 일반적으로 문구는 써서 소모해야 할 것들이지요. 벌써 두 통에 가득하고 서랍에도 한 통 분량의 다양한 것들이 있습니다. 저는 지금도 예쁜 필기구를 보면 마음이 푸근해집니다. 요즘에는 문구류도 아주 다양해서 형태와 색상, 질감과 디자인을 마음껏 감상하는 재미도 쏠쏠하지요. 만년필은 굵지 않은 것으로 앞으로 몇 개 더 구입할 예정입니다. 만년필은 필기감도 그렇지만 잉크 냄새가 그렇게 좋아요. 만년필의 촉소리는 긴장감을 줘서 더 좋다는 사람도 있습니다. 외출 할 때 안쪽 호주머니에 꽂는 펜은 그 사람의 품격을 말해준다고 생각합니다. 유명한 것으로는 몽블랑 만년필과 샤프, 파버카스텔 연필과 볼펜 등도 좋지요. 매끄러운 표면에 비교적 짧은 길이의 파버카스텔 연필은 그 자체로 정말 아름답습니다.

제일 좋은 글자

　　　산다는 것은 배우는 것Life is learning 이란 말을 좋아합니다. 배우는 행동이 가장 생산적이고 창조적이라 생각하기 때문이지요. 학學자로 시작하는 논어는 학이시습지면 불역열호學而時習之면 不亦說乎 배우고 때때로 익히면 또한 기쁘지 아니한가라고 시작하지요. 세계 3대 문호 중의 한 사람인 괴테는 "가장 유능한 사람은 부단히 배우는 사람이다."라고 했고, 철학자 칸트는 "사람은 교육에 의해서만 사람이 될 수 있다."란 극단적인 표현을 하기도 했습니다. 숱하게 늦었지만, 오늘도 기말시험을 대비하면서 이런저런 생각이 드네요. 이 나이에 왜 공부를 한답시고 이렇게 매달려 있을까 하고 말입니다. 공부를 하는 것이 즐겁고 행복합니다. 제가 끊임없이 공부 하는 이유지요. 만물이 스승이란 생각도 참 많이 합니다. 공자의 글에도 삼인행 필유아사三人行必有我師란 구절이 보이지요. 세 사람이 길을 가면 그중에는 반드시 스승이 있다는 말인데, 참 대단한 깨달음이 아닐 수 없네요. 어떤 사람은 한문 5만 자 중에 제일 좋은 글자는 학學이라고 했습니다.

세상에서 가장 불행한 사람

저는 단연코 직업이 없는 사람이라고 생각합니다. 산다는 것은 일하는 것인데 그것이 없다는 것은 참으로 서글픈 일이 아닐 수 없지요. 일찍이 중국의 백장선사는 일일불작 일일불식 一日不作 一日不食 즉 하루 일하지 않으면 하루 먹지 않는다는 철학으로 살았다고 하지요. "직업이란 인생의 등뼈"란 니체의 표현이 아니더라도 할 일이 없다는 것은 인간독립의 근본이 흔들린다는 뜻이기에 불행한 일이 아닐 수 없습니다. 우리네 삶에서 일하는 보람만큼 큰 것도 없지요. 흠뻑 땀을 흘린 후 마시는 냉수 한 잔의 시원함은 맛보지 않은 사람은 결코 체득할 수 없습니다. 찾아보면 내가 할 수 있는 일은 얼마든지 있습니다. 굳이 물질로 보상이 안 된다 하더라도 말이지요. 직업이란 반드시 물질적인 보상이 따라야 하는 것만은 아닙니다. 남을 위해 재능을 기부하고 시간을 쓰는 것도 하나의 직업이지요. 할 수 있는 일을 하기 때문입니다. 더욱이 향기롭고 아름다운 일이면 그것이 곧 천상의 직업이 아닐까요. 죽기 3일 전까지는 할 수 있는 일이 있어야 한다고 생각합니다.

사랑의 분류

그리스 철학자들은 인간에 대한 사랑을 4가지로 나눠 정의했지요. 아가페Agape, 에로스Eros, 필리아Phila, 그리고 스토르지Storge가 바로 그것입니다. 잘 아는 것처럼 아가페는 종교적인 사랑이지요. 신이 인간을 사랑하는 것이 여기에 속합니다. 에로스는 남녀 간의 사랑을 의미하고, 필리아는 가장 넓은 의미의 사랑을 뜻합니다. 그리고 혈육 간의 사랑은 스토르지라고 했지요. 우리는 사랑하면 러브Love를 생각하지만 사랑도 이렇게 분류될 수 있다는 것이 새롭군요. 신도 인간을 무조건적으로만 사랑하지는 않는 것 같습니다. 남녀 간의 사랑을 에로스라고 정의한 것은 특히 성적性的인 사랑이기 때문이 아닐까 싶기도 합니다. 제일 특이한 것이 필리아인데 과연 넓은 의미의 사랑이란 러브라는 말로는 표현 할 수 없었던 것인지 모르겠군요. 스토르지라고 혈육 간의 사랑을 따로 정의한 것은 육체적인 관계를 나눌 수 없다는 뜻이 포함된 것 같습니다. 그럼에도 불구하고 가까운 이웃 나라를 비롯해 서구에서는 사촌하고도 결혼을 하고 있는 상황이고 보면 세상은 참 한마디로 정의할 수 없는 혼란(카오스)이 숨어 있습니다. 하나같이 소중하지만, 이 중에 제일은 무엇이라고 생각하나요?

가르치는 행복

　　　　　벌써 수년째 인근 지역복지관에 나가 성인들을 대상으로 영어를 지도하고 있습니다. 수강생의 대부분은 중년 여성들이고 남자는 한둘뿐이죠. 입소문을 타고 요즘에는 제가 살고 있는 강서구뿐만 아니라 서울 각지에서 강의를 들으러 오십니다. 오늘도 은평구에서 한 분이 오셨고 지난 주는 문래동에서 두 분이 오셨습니다. 이상한 것은 사람이 적을수록 강의가 힘들고, 수강생이 많으면 많을수록 힘이 덜 든다는 것이지요. 정확한 원인은 잘 모르겠습니다. 수강생이 많다고 강사료를 더 받는 것도 아닌데 말이지요. 저는 가르치는 것이 참 좋습니다. 어렵고 힘든 부분일수록 설명엔 힘이 넘치고 생기가 도는 것이 제 강의 스타일이기도 하지요. 저는 직업을 참 잘 택했단 생각을 자주 합니다. 남을 지도한다는 것이 좀처럼 쉽지는 않지만, 어느 땐 천성이려니 싶을 때가 있거든요. 지식을 공유하는 기쁨은 생각보다 훨씬 더 큽니다. 또한 나이를 초월해 배우려는 진지한 자세는 언제 봐도 경건하고 아름다운 모습들이지요. 인생의 가장 진실한 단면이 바로 거기 있다는 생각을 참 많이 합니다. 그리고 강의실을 찾는 사람들은 하나같이 멋진 분들이라 생각합니다. 재미난 연속극의 유혹을 뿌리치고 오신 분들이니 더욱 그럴 겁니다. 어느 분은 여고시절이 영어공부의 끝이었다며 다시 그 시절로 돌아가는 것 같다고도 하시고 또 어느 분은 이제부터 진짜 영어공부를 위해 오셨다는 분들도 드물지 않지요. 그럴 때면 제 목소리는 한껏 톤이 올라갑니다.

만물이 스승

이 세상에서 가장 현명한 사람은 누구일까 하고 가끔 뚱딴지처럼 생각할 때가 있습니다. 기독교인을 비롯한 성서학자들은 두말할 필요도 없이 이스라엘의 가장 위대한 왕으로 간주되는 솔로몬Solomon 왕을 예로 들겠지요. 그는 예루살렘에 유명한 성전을 세웠고 현인과 시인으로서도 명성을 얻었습니다. 구약성경 〈아가〉서와 〈잠언〉에는 그가 쓴 것으로 간주되는 격언과 교훈이 가득 들어 있지요. 그렇지만 저는 생각이 조금 다릅니다. 이 세상에서 가장 현명한 사람은 모든 이들에게 배우는 분들이 아닐까 싶습니다. 사람뿐이겠습니까. 모든 만물이 다 스승이지요. 이 세상은 스승 아닌 것이 하나도 없습니다. 모든 것에서 배우는 사람은 분명코 가장 현명한 사람이며 현자입니다. 세 사람이 함께 길을 갈 때도 거기 스승이 있다는 논리는 거짓이 아니지요. 링컨도 "만나는 사람마다 교육의 기회를 삼아라"라고 했다지요. 신록이 짙어갑니다. 아주 오래전 이양하는 〈신록예찬〉이란 글을 썼지요. 공허한 인간의 목소리가 아닌 자연 속엔 더 많은 배울 것들이 쌓여 있습니다.

선禪이란 무엇인가

'선종禪宗' 혹은 '좌선坐禪'의 준말로 쓰이기도 하며 삼문三門의 하나인 선禪은 흔히 마음을 가다듬고 정신을 통일하며 번뇌를 끊고 진리를 깊이 생각하여 무아無我의 경지에 드는 일을 의미합니다. 불교의 선禪을 일본에서는 젠, 중국에서 찬이라고 발음한다고 하네요. 그런데 서양에는 젠은 있어도 Seon선 이나 Chamseon참선은 없다니 어떻게 된 일인지 모르겠습니다. 한국 선의 세계화, 불교의 한류화가 가능하려면 짚고 넘어가야 할 몫이란 생각도 드네요. 시끄러운 조계종이 절집 내부의 알량한 권력을 갖고 다투기보다는 큰 안목에서 한국불교의 전통은 물론이려니와 이제는 세계화의 기틀을 세워야 하지 않을까 싶습니다. 일찍이 숭산 스님(1927~2004)은 시대를 뛰어넘는 우리나라의 글로벌 선사셨지요. 『만행』의 저자 하버드대 출신 현각 스님이 그의 제자로 널리 알려졌습니다. 개인적으로는 그의 책을 통해 처음으로 젠Zen, Zazen이란 말을 들었던 것 같습니다. 한국 선과 일본 젠이 어떻게 다른지는 알 수 없지만, 세상의 번뇌를 끊고 삭막해진 사람들의 마음 밭을 촉촉이 적시는 역할을 종교가 하지 않으면 안 된다고 생각합니다.

장자의 일화 한 토막-1

　　　　　본명이 장주莊周인 장자는 일화로 유명합니다. 노자가 쓴 것으로 알려진 『도덕경道德經』보다 더 분명하며 이해하기가 쉽지요. 장자의 사상은 중국불교의 발전에도 큰 영향을 주었으며, 중국의 산수화와 시가詩歌에도 많은 영향을 미친 것으로 알려져 있습니다. 그의 의복은 거칠고 남루했으며 신발은 떨어져 나가지 않게 끈으로 발에 묶어 놓았다고 합니다. 그러나 그는 자신이 비천하거나 가난하다고 생각하지 않았다고 하지요. "그의 친한 친구인 혜시惠施가 부인의 상喪을 당한 장자를 조문하러 와서 보니, 장자는 돗자리에 앉아 대야를 두드리며 노래를 부르고 있었다. 혜시가 장자에게 평생을 같이 살고 아이까지 낳은 아내의 죽음을 당해 어떻게 그럴 수가 있느냐고 따지자, 장자는 다음과 같이 말했다고 한다. "아내가 죽었을 때 내가 왜 슬프지 않았겠는가? 그러나 다시 생각해보니 아내에게는 애당초 생명도 형체도 기氣도 없었다. 유有와 무無의 사이에서 기가 생겨났고, 기가 변형되어 형체가 되었으며, 형체가 다시 생명으로 모양을 바꾸었다. 이제 삶이 변하여 죽음이 되었으니 이는 춘하추동의 4계절이 순환하는 것과 다를 바 없다. 아내는 지금 우주 안에 잠들어 있다. 내가 슬퍼하고 운다는 것은 자연의 이치를 모른다는 것과 같다. 그래서 나는 슬퍼하기를 멈췄다." 참으로 대단한 경지입니다.

장자의 일화 한 토막-2

조그만 웅덩이에 물이 말라 붕어가 장자에게 구원을 요청했습니다. 그러자 장자는 크게 선심을 쓰며, "남쪽에 가서 촉강의 물을 보내주겠노라" 했지요. 그러자 붕어는 "한 양동이의 물만 있으면 되는데 저 멀리 있는 강물을 끌어다 주겠다고? 차라리 그냥 죽으라고 해라"라고요. 많은 생각을 하게 하는 일화입니다. 적은 돈이 극빈층에겐 생명의 물이듯 지금 당장 필요한 것은 관심과 사랑, 그도 쉽지 않으면, 문자 한 통, 전화 한 통입니다. 이 얘기를 읽으면서 저는 엉뚱한 생각을 했네요. 우리네 삶이 거의 대부분 비슷비슷하지만, 아파트 하나를 장만하기 위해 평생을 다 쓰는 사람들이 많습니다. 입는 것도 먹는 것도 절약에 절약을 하면서 돈을 모아 그렇게 살아왔다는 것이지요. 빚을 갚았다 싶으면 또 조금 무리를 해서 평수를 늘려갔습니다. 그러다 보니 좋은 세월은 속절없이 가버렸고요. 그 좋은 구경 한 번 제대로 못했습니다. 이렇게 살아온 우리에게 진정한 행복은 늘 오늘에 있지 않았습니다. 오늘은 내일을 위한 준비 그 자체였지요. 하지만 이것은 잘못입니다. 오늘을 잘 먹고 잘 살아야 합니다. 아파트의 평수와 값비싼 외제차가 문제가 아닙니다. 내일은 철저하게 신의 영역이기 때문이지요. 어쩌면 나에겐 없는 날일지도 모릅니다. 우선 나로 인해 서운한 감정이 겹겹이 쌓인 형제자매부터 없지는 않은지 먼저 살펴볼 때입니다.

나의 냄새

　　윌리엄 포크너(William Faulkner, 1897~1962)는 1949년도 노벨문학상 수상자이며, 두 차례 퓰리처상을 받은 미국 남부 문학의 거장입니다. 우리나라에 잘 알려진 작품으로 남부귀족 출신인 콤프슨 일가의 몰락하는 모습을 그린 문제작 『음향과 분노 The Sound and the Fury』가 있지요. 이 책에서 작가는 '그녀에게서는 더 이상 나무 냄새가 나지 않는다.' 란 말이 나옵니다. 사람에게서 사람 냄새가 나지 않는다면 어떻게 될까요. 안타까운 일이지요. 인간성을 상실한 외엔 무엇이 있을까요. 사람에게선 사람 냄새가 나야 합니다. 탐욕, 물질문명, 권력투쟁, 소유와 명예 등에 목숨을 걸고 살다 보니 언제 하늘을 봤는가 싶지요. 너무 바쁘게 살아왔습니다. 내가 사랑해야 할 사람을 진정으로 사랑치 못했고 내가 돌봐야 할 사람에게 문자 한 번 제대로 날리지 못한 것 같군요. 스스로 내 향기를 세상의 흐름에 팔아먹고 저당 잡히며 산 세월의 결과라고 생각하니 부끄럽기만 합니다. 명절은 나의 냄새를 회복해 풍기라는 뜻이 아닐까 생각해 봤습니다. 오랜만에 만난 가족 친지 모두의 손을 한 번 더 따스한 사랑으로 잡는 추석이고 싶습니다.

거장

헤르베르트 폰 카라얀 (Herbert von Karajan, 1908~1989)은 심장마비로 사망했지요. 그는 세계 최고의 오케스트라 중 하나인 베를린 필하모닉을 35년간 이끌었던 20세기 지휘계의 대표적인 인물입니다. 그는 완벽주의자로 통했다고 해요. 혹자는 그를 싫어한다고도 하지만 카라얀이 인류 최고의 지휘자라고 평가되기도 합니다. 그는 인간관계에서는 미숙했다고 합니다. 싫어하는 사람들 중에는 많은 권력과 부를 누렸다는 것도 이유라고 하더군요. 하지만 제가 그를 좋아하는 것은 곡의 본질을 너무도 정확히 꿰뚫고 있기 때문이 아닌가 생각합니다. 곡의 핵심을 그만큼 잘 짚어줬다고 할 수 있지요. 그의 특징 중의 하나는 20세기 초중반의 후기 낭만파 스타일의 연주를 20세기 후반까지 그대로 계승했다는 점이지요. 결코 쉬운 것이 아니었을 겁니다. 오늘날 그와 같은 높은 식견을 가진 '장인'

이 부족하기에 그의 부재가 더욱 커 보이지요. 그는 협주곡보다는 교향곡과 오페라를 많이 지휘했지요. 실내악이나 협주곡을 즐겨 듣는 애호가들 중엔 그를 혹평하는 사람이 많습니다. "헤어스타일만 완벽한" 사람이었다는 것이지요. 재밌습니다. 유난히 차이콥스키 교향곡에 대한 열정이 높았기에 한 곡 듣습니다.

들꽃

저는 '들꽃'이란 말이 참 좋습니다. 이름을 아는 것은 별로 없지만 조국의 산하에 어디든 피어 세상을 아름답게 가꾸고 있기 때문이지요. 화려한 조명을 받는 것도 아니고 수수하기에 더 아름다운 꽃이 바로 들꽃입니다. 들꽃은 어디를 가도 있다는 것이 장점이겠지요. 들꽃은 야생화지요. 야생野生이란 산이나 들에서 저절로 나서 자람. 또는 그런 생물을 일컫습니다. 저도 최근에 야생화 몇 개의 이름을 외웠네요. 투구꽃이라고 알고 있는 그늘돌쩌귀는 예전엔 사약의 재료로 쓰였다고 하는군요. 까실개쑥부쟁이, 두메잔대, 조밥나물, 짚신나물, 개미취, 둥근이질풀, 투구꽃, 며느리밑씻개, 흰물봉선, 며느리밥풀꽃, 벌개미취, 도둑놈의갈고리, 곤드레로 잘 알려진 고려엉겅퀴, 쇠며느리밥풀 이 중 쇠며느리밥풀은 해독과 해열에 좋다고 해요. 며느리밥풀은 종류가 많다고 합니다. 야생화 중엔 '며느리밑씻개' 등 재밌는 이름이 특징인 꽃들도 많군요. 작은 줄기에 장미처럼 가시가 돋아 있다고 하지요. 며느리가 몹시 미웠던 모양입니다. 그런 이름을 지은 것을 보면!!! 인간의 손길이 닿지 않은 곳이 천혜의 비경이 숨겨있듯 때론 인위적으로 키운 꽃들보다 B급일지 모르지만, 들꽃이 훨씬 더 좋을 때가 있습니다.

현재Present는 선물Present이다

"내가 헛되이 보낸 오늘은 어제 죽어간 이들이 그토록 바라던 내일이다." 그리스의 극작가 소포클래스의 말이지요. 현재의 중요성을 일깨운 최고의 명언이 아닐까 싶습니다. 어제는 지나갔고 내일은 불확실하지만, 오늘은 선물임이 틀림없습니다. 삶이란 현재가 쌓여 개인의 역사를 이루는 것이고 보면 오늘이 얼마나 중요한 하루인가를 다시 생각하게 되지요. 오늘보다 더 소중한 날은 없습니다. 그렇기에 오늘 접하는 모든 것들이 내 인생에서 그만큼 소중할 수밖에 없지요. "진정한 생활은 현재뿐이다."란 러시아의 문호 톨스토이의 말을 다시 음미하게 됩니다. 현재를 적절히 활용하는 것이 모두 같지 않을지 모릅니다. 그 결과에 따라 삶의 빛깔은 달라질 수밖에 없겠지요. 오늘의 선물을 잘 활용한다는 것은 곧바로 그 사람의 향기로 직결된다는 생각도 해봅니다. 삶에 향기가 나는 사람들은 하나같이 열심히 오늘을 선물로 살은 사람들이지요. 현재에서 향기 나는 내일이라는 미래가 태어납니다.

탄생

루소는 그의 대작 『에밀』에서 "사람에게는 두 번의 태어남이 있다. 하나는 세상에 나타난 태어남, 하나는 생활에 들어가는 태어남이다."라고 했지요. 또한, 철학자 안병욱은 『행복의 미학』에서 "인간은 이 세상에 두 번 태어난다. 한 번은 너의 신체적 자아의 탄생이요, 또 한 번은 너의 정신적 자아의 탄생이다."라고 했습니다. 탄생은 언제나 그렇지만 인간 최대의 역사이며 환희입니다. 〈인간 3대 사건〉중의 하나가 바로 탄생이니 그 비중이 얼마나 큰지 알 수 있지요. 세상엔 꼭 그렇지 않은 경우도 없지 않지만, 모든 탄생은 축복을 받아야 마땅합니다. 그것은 하나같이 신의 선물이기 때문이지요. 그런 면에서 저는 그리스의 시인인 테오그니스의 「哀歌」라는 작품을 제일 싫어합니다. "인간에게 있어서 최선의 일은 태어나지 않는 일이며 그다음은 하루빨리 죽는 것이다."라고 한 사람이지요. 정말 어처구니 없습니다. 이런 논리가 후대에 전해진다는 것은 무엇을 말할까 싶기도 한데 하여튼 정말 어이없네요.

사랑

　　　　러시아의 소설가 톨스토이는 도스토예프스키, 투르게네프와 더불어 '러시아 3대 문호'로 일컬어지고 있지요. 그의 수많은 작품 중 『사람은 무엇으로 사는가』라는 책에서 작가는 "사람은 오로지 사랑에 의해서만 살아가는 것이다."란 말을 했습니다. 사랑의 위대함을 대변한 말이란 생각도 드네요. 사랑 없이 살 수 있는 것은 아무것도 없습니다. 사랑의 빛깔을 불문하고 인간을 비롯한 생물체는 모두 이 사랑 속에 살지요. 어떻게 생각하면 살아 있는 모든 것은 다 사랑을 먹고 산다고 해도 지나치지 않습니다. 사랑이 고갈된 삶처럼 안타까운 것도 없지요. 사랑이 점점 식어가는 시대라지만 사랑은 정말로 위대합니다. 수많은 사랑에 대한 어록이 그냥 있는 것이 아니지요. 사랑을 받으면 생이 넉넉해지고 사랑을 하면 세상이 환해집니다. 그래서 모든 사랑은 첫사랑이고 사랑만큼 강한 것도 없지요. 사랑은 정말 힘이 셉니다. 가슴속에 사랑의 불꽃을 꺼뜨리지 않을 때만 고단한 오늘도 천국임을 배웁니다.

날마다 깨어있는 삶

가장 바라고 원하는 것은 날마다 의식이 깨어있는 삶입니다. 침체처럼 무서운 것도 없지요. 독창성을 잃는다는 것은 그래서 생각보다 훨씬 무섭습니다. 삶은 신선해야 하니까요. 문제는 신선도를 결코 공짜로 얻어지지 않는다는 것이지요. 세상의 이치는 참으로 놀랍습니다. 어떻게 생각하면 거의 완벽에 가까울 만큼 순리대로 회전한다는 것이지요. 악기 하나를 다룰 때도 마찬가지입니다. 연습한 만큼 성과로 보답해주지요. 악기뿐이겠습니까. 세상의 모든 것이 다 마찬가지지요. 공부도 그렇고 인간관계도 그렇습니다. 운이라는 것이 없지 않지만, 노력하는 사람들은 그래서 늘 아름답습니다. 스승 아닌 것이 세상엔 없지만 깨어있지 않으면 볼 수 없고, 내 것으로 만들 수 없다는 것 또한 불변의 진리라는 것이지요. 생각하면 순리만큼 아름다운 것도 없습니다. 일상에서 날마다 벼

락처럼 그렇게 의식을 깨우는 일들이 많았으면 좋겠습니다. 물들고 떨어지는 한 잎의 낙엽에 세상의 모든 이치가 다 담겨 있다는 것에 놀라며 폭풍이 왜 치는지를 새삼 배웁니다. 내 인생의 폭풍은 오늘도 내가 만들어 갑니다.

리더leader는 리더reader다

독서는 창의적인 생각과 아이디어의 산실입니다. 끊임없이 생각의 자료를 업데이트해주니 새로운 정보 유입의 가장 좋은 창구는 역시 독서만 한 것이 없다 싶지요. 드라마와 영화 그리고 독서 이 세 가지 중에서 가장 오랫동안 기억에 남는 것 역시 독서랍니다. 영화는 내 것이라는 생각이 들지 않지만, 책은 누구나 내 것이라는 생각을 갖고 읽지요. 물론 빌려보는 경우가 없지 않지만 말입니다. 제 견해로는 책은 될 수 있는 대로 사보는 것이 제일 좋다고 생각합니다. 한 권의 책을 읽은 사람이 어떻게 두 권의 책을 읽은 사람과 비교할 수 있을까요? "리더leader는 리더reader이다."란 말이 사실입니다. 지도자는 항상 책을 읽는 사람이지요. 책 읽기에 정말 좋은 계절입니다. 한 권의 양서는 생을 달게 하지요. 씁쓰레한 일들이 사방에 에워싸고 있어도 좋은 사람이 내 곁에 있으면 불안하지 않듯, 책도 역시 마찬가집니다. 그 짭짤한 행복을 놓치지 마시길... 만추를 향한 오늘 제주도에 서리꽃(상고대)이 만발했다는 소식이군요. 가을이 깊었습니다.

지상에서 부르는 천상의 노래

　　　　　　일체유심조一切唯心造의 뜻을 모르지 않고 지금 껏 살았습니다. 그렇지만 그것을 몸으로 증명하며 살기는 좀처럼 쉽지 않았지요. 만물은 모든 것이 마음먹기에 달려 있음을 잘 압니다. 어떤 맘을 가지느냐에 따라 생이 달라 지는 것이니까요. 똑같은 사물일지라도 보는 각도에 따라 생각뿐만 아니라 마음 또한 달라질 수 있습니다. 이것이 인생이지요. 견해는 다 다를 수 있습니다. 그 견해가 또한 옳을 수도 있지요. 자기가 본 그대로가 바로 그의 견해의 결과물이기 때문입니다. 하지만 전체로 보면 그것이 꼭 올 바르다고 말 할 수 없는 것이 또한 이치이기도 하지요. 단 견은 맞지만 하나 된(일치) 견해는 틀릴 수 있다는 것, 이 것 또한 쉽지 않은 인생의 문제입니다. 그렇지만 우리는 늘 그 속에서 살지요. 허나 어느 날 문득 큰 깨달음이 오 면 핏대를 세우며 내세웠던 나의 견해들이 얼마나 작은 속

좁음의 극치였던가를 깨닫게 될 때면 치부를 들킨 사람처럼 그렇게 숨고만 싶을 때가 한두 번이 아닙니다. 오늘 삶에서 지옥은 내가 만들어 가는 것이고 천국 또한 마찬가지입니다. 모든 것은 마음먹기에 달렸네요. 어렵고 힘들수록 마음 밭에 천국을 심어야겠습니다. 마음만 바꾸면 바로 천국이니까요.

가장 진솔한 글

가장 진솔한 글은 단연코 자기의 얘기라고 생각합니다. 화려한 미사여구가 아름다운 글이 아니고 학식이 높은 전문적인 글 또한 감동을 주기는 쉽잖지요. 자기가 겪으며 살아온 얘기보다 더 큰 감동을 주는 글은 아마 없을 겁니다. 꾸며낸 얘기(픽션)는 허구니까요. 흔히 내 얘기를 쓰면 책이 몇 권 될 거라는 말을 자주 듣는데, 그만큼 살아온 인생살이가 녹록지 않다는 뜻이 담긴 전형적인 표현이지요. 허먼 멜빌(Herman Melville, 1819~1891)이 쓴 『모비 딕Moby-Dick』이라는 글이 감동적인 것은 그가 고래잡이배를 직접 탔었다는 데 있을 겁니다. 그랬기에 그만큼 생생한 글을 쓸 수 있었지 않나 싶어요. 자기가 겪고 경험한 얘기가 얼마나 큰 울림으로 다가올 수 있는지를 알려주는 좋은 예라고 생각합니다. 좋은 글을 쓰고 싶다는 욕망은 글 쓰는 사람이라면 누구나 갖고 있지요. 하지만 좋은 글은 좀처럼 그렇게 쉽게 써지지 않습니다. 진실함이 결여된 상태라면 더 기대할 것도 없다 해도 과언이 아니지요. 진실한 삶을 살지 않는다면 더더구나 진솔한 감동은 거리가 멀지요.

인간 예수

저는 신적인 예수보다 인간적인 예수를 훨씬 더 좋아합니다. 예수는 하나님의 독생자로 태어나 인류의 죄를 대신 짊어지기 위해 스스로 피 흘린 거룩한 희생자지요. 인간 예수가 안겨 주는 그 감동의 정체를 명료하게 규명한 사람이 프랑스의 인류학자 르네 지라르(Rene Girard, 1923~2015)라고 하지요. 예수에게서 인간 냄새가 풀풀 나는 예화는 실로 많습니다. 간음한 여인을 돌로 쳐 죽이겠다는 군중을 향해 "너희 가운데 죄가 없는 사람이 먼저 이 여자에게 돌을 던져라" 아흔아홉 마리의 양을 잃더라도 길 잃은 단 한 마리의 양을 구하겠다는 선언 등등. 예수는 철저하게 가난하고 낮은 사람들의 벗이었습니다. 지체 높은 사람들의 친구가 아니었지요. 저는 예수의 그 가난한 마음이 그렇게 좋습니다. 병든 자, 몸이 불편한 사람들 모두 예수의 친구들이었지요. 어떻게 생각하면 예수 탄생의 의미는 가난한 사람들에게 희망을 꿈꾸게 하려 함이 아닐까요. 세상의 죄를 대신해서 십자가에 죽은 예수의 의미보다 가난하고 낮은 사람들의 희망의 꽃이 됐으면 좋겠다는 생각을 늘 합니다. 예수를 생각하면 새해에도 희망이 먼저 떠올랐으면 싶네요. 오늘 성탄 이브 날, 예수조차 예배당 안에 들어가지 못하는 썩은 종교가 아니라 한국의 모든 예배당에서 참 벗인 예수를 만날 수 있었으면 좋겠습니다.

마음의 가시 뽑기

　　　　　마음속에 뽑아야 할 가시가 많다는 것을 늘 느끼며 삽니다. 인간사 사랑할 수 없었던 모든 것들은 다 가시가 되어 어렵고 힘들게 했지요. 마음을 콕콕 찔렀던 가시들도 생각보다 훨씬 더 많았습니다. 누군가에 대한 증오까지는 아니더라도 미움과 소유하지 못한 세상의 욕망 등도 가시가 되긴 마찬가지였지요. 나이가 들어도 무뎌지지 않은 가시의 실체 앞에 절망하기도 했었습니다. 그러나 이제 시간은 많은 것을 무뎌지게 만드네요. 편협, 아집, 그리고 독선은 최고의 가시였습니다. 그것들을 뽑지 않고는 진정한 의미의 평안은 존재할 수 없다는 것을 압니다. 이분법적인 논리 또한 가시지요. 나이가 들어도 생의 둥근 모습을 삶 속에 적용 또는 응용하지 못한다면 역시 가시를 빼내지 못하고 사는 삶이라 여겨집니다. 세상 만물을 다 사랑의 눈으로 볼 순 없겠지만, 그 가슴만은 잃지 말아야

겠다는 다짐을 다시금 해봅니다. 마음의 가시를 솎아내는 짭짤한 행복을 진정 나의 것으로 만들고 싶군요.

힘이 됐던 책들

　　　　사춘기가 됐을 때 고향 삽시도에서도 안면도에서도 걷지 못하는 사람은 저 혼자뿐이라는 것을 알았습니다. 온 마을에 저처럼 심한 장애를 가진 사람은 단 한 명도 없었으니까요. 사춘기 이후 숱한 좌절 속에 유일한 위안은 '책 읽기'였는데 그때 발견한 책이 바로 프랑스 시인 랭보의 『지옥에서 보낸 한철』이란 책 중에 나오는 "오 성이여 계절이여, 상처 없는 영혼이 어디 있으랴"란 구절이 큰 위로가 됐습니다. 『원미동 사람들』의 저자인 소설가 양귀자의 『슬픔도 힘이 된다』와 허수경 시인의 첫 시집 『슬픔만 한 거름이 어디 있으랴』도 제게 엄청나게 큰 힘을 준 책 제목입니다. 평생을 책과 함께 살아왔지만, 이만큼 힘이 되는 제목의 책들을 알지 못합니다. 어떤 사람은 명언이나 싯구에서, 또 노래 가사나 드라마, 그리고 영화의 한 대사에서 힘을 얻기도 하지요. 힘이 되는 만남은 가지가지겠지만 향기 나는 사람에게서 얻는 힘과는 비교할 수 없습니다. 향기 나는 사람은 특별히 잘났거나 돈이 많거나 혹은 지위나 명예가 높은 사람만은 결코 아닙니다. 머문 자리에서 열심히 살아가는 대부분의 사람이 다 아름답지요. 그 사람을 떠올리면 힘이 되는 그런 향기를 가질 수 있었으면 좋겠습니다. 힘이 됐던 책 제목처럼.

책을 읽지 못한 부끄러움

불과 몇 개월 전만 하더라도 평생 늘 그래 왔던 것처럼 한 달에 몇 권의 책은 읽었었습니다. 그런데 이런저런 핑계로 한두 달 거의 책을 읽지 못했네요. 머리가 텅 빈 것 같습니다. 그리곤 저 자신에게 영 부끄러워지네요. 마음의 양식에 이렇게 소홀했으니 뭣인들 온전히 했을까 싶기 때문이지요. 마음 밭을 제대로 가꾸지 못한 사람이 인간사에 부딪히는 일상을 제대로 했을 리가 없지요. 저에게 책은 생명 같은 존재입니다. 책을 읽는 것은 하루 세끼 밥을 먹는 것과 조금도 다르지 않기 때문이지요. 함에도 뭣에 혼을 뺏겼는지 한 달에 한두 권 밖에는 읽질 못했습니다. 이것은 삶의 이탈이란 생각이 드는군요. 일상에서 벗어나는 것과 조금도 다르지 않음에 마음이 가볍지 않습니다. 마음 밭을 풍성하게 못 한다는 것은 영혼을 그만큼 메마르게 했다는 뜻이 되겠지요. 반성합니다. 그리고 자책합니다. 메마른 가슴으로 어떻게 새달을 맞겠다는 것인지 부끄러울 뿐이네요. 시대가 아무리 악하고 물질 지향적으로 흐른다 해도 따뜻한 가슴 밭을 상실한다는 것은 비극이 아닐 수 없습니다. 지식이든 물질이든 아무리 소유한 것이 많아도 가슴이 따뜻하지 못하다면 아무짝에도 쓸모가 없음을 알기 때문입니다.

공짜가 없는 세상의 이치

대가代價란 물건을 산 대신의 값이나 일을 하고 받는 보수 혹은 어떤 일을 하여 생기는 희생이나 손해 또는 노력이나 희생으로 얻는 결과를 뜻하는 말이지요. 노동의 대가, 노력의 대가를 얻다 혹은 패배의 대가를 치르다 등등으로 널리 쓰입니다. 삶에는 대가가 없는 것이 없습니다. 순리란 생각도 들어요. 진리이기도 하고요. 잘못했으면 반드시 그 잘못에 대한 대가를 치러야 합니다. 물건을 살 때도 마찬가지지요. 공짜로 얻어지는 것은 없습니다. 어떤 것을 소유하기 위해서는 그만한 값을 지급해야 하니까요. 가만 생각해 보면 세상에 공짜가 없다는 것이 얼마나 공평한 이치인가 싶기도 합니다. 어떻게 생각하면 아름답기까지 합니다. 어떤 것을 얻기 위해서는 반드시 그 대가를 치러야 한다는 것은 인생의 진리가 아닐 수 없지요. 하지만 오늘날 세상엔 공짜를 바라는 사람이 너무 많습니다. 사회가 날로 악해지는 것은 바로 그런 심리가 만연됐기 때문이란 생각도 해보게 되네요. 세상에 공짜가 없는 법이거늘 왜 그것을 삶에 적용하지 못할까요. 지급하는 것 없이 얻어지는 것은 하나도 없는데 왜 거저 얻으려는 사람들이 그렇게 많을까요.

안나 카레니나

"당신에게 가장 중요한 때는 현재이며, 당신에게 가장 중요한 일은 지금 하고 있는 일이며, 당신에게 가장 중요한 사람은 지금 만나고 있는 사람이다." 러시아의 소설가·사상가. 도스토예프스키, 투르게네프와 더불어 '러시아 3대 문호'로 일컬어지고 있는 톨스토이의 말이지요. 대문호 톨스토이의 3대 걸작 하면 『전쟁과 평화』 『부활』 그리고 『안나 카레니나』를 들지요. 인류에 이런 작품을 남겼다는 것 자체가 경이롭고 자랑스럽습니다. 한 사람의 생애가 이렇게 위대할 수 있다는 것! 저는 개인적으로 이 세 작품 중에서 『안나 카레니나』를 가장 절절하게 읽었습니다. 그리고 오랜 세월이 흘렀지만, 그 작품 속에 나오는 모든 얘기가 잊히질 않네요. 아마도 인간 삶의 총체적인 모습을 이렇게 완벽하게 구현해낸 작품이 또 있을까 싶기 때문입니다. 영화는 또 엇땠는가요. 비비안 리, 소피

마르소 등 당대 최고의 여배우들이 "세계문학사상 가장 매력적인 여주인공의 하나"(나보코프)인 안나 카레니나를 연기했습니다. 완벽하다고 밖에는 달리 표현할 수 없지요. 이 작품에 대해서 도스토예프스키는 "완전무결한 예술작품"이라는 찬사를 했습니다. 『안나 카레니나』는 사랑과 결혼, 가족 문제라는 보편적인 소재로 발표되자마자 전 러시아인의 마음을 사로잡았다고 하지요. 한국적 정서와는 거리가 먼 얘기일 수도 있는 작품이지만 안나가 왜 그럴 수밖에 없었는지에 초점을 맞추면 100년도 더 지난 지금도 바로 내 주변의 얘기란 생각이 듭니다. 모든 것을 잃더라도 그녀가 찾아 헤맸던 것이 과연 무엇이었을까요.

나를 키운 책들

저는 십 대 때 유난히 문학작품과 문학가에 대한 관심이 많았습니다. 우리나라는 물론 세계문학에 대한 궁금증이 심했지요. 그래서 맨 처음 접하게 됐던 것이 목록을 구해서 무조건 작품명과 작가의 이름을 암기하기 시작했습니다. 세계문학 전집이 그 첫 번째 대상이었지요. 톨스토이 하면 『전쟁과 평화』를 암기하는 식이었습니다. 지금 기억으로도 100권을 그렇게 암기하고 났을 때 그제부터는 그 내용이 궁금해지기 시작했지요. 읽고 싶어 미칠 지경이었지만, 제 곁엔 책이 없었습니다. 마을에 도서관이 있었던 것도 아니고 집안에 책이 있었던 것도 아니었으니까요. 타는 목마름처럼 영혼이 고팠습니다. 갈증이었지요. 정말 책을 읽고 싶어 견딜 수가 없었습니다. 늘 가난했던 저는 그때도 책을 살 수 있는 환경도 되지 못했습니다. 그런 가운데서 나름대로 먼저 읽을 순번을 정해서 가장 읽고 싶은 책부터 구해 읽어나갔지요. 톨스토이, 헤세, 헤밍웨이, 지드, 스탕달, 카프카, 도스토예프스키, 로렌스, 미첼, 카뮈, 사르트르, 브론테, 졸라, 포우, 스타인벡, 괴테, 이런 작가들의 작품집을 하나하나 읽어 나가면서 문학적 안목을 키웠던 것 같습니다. 가만 생각해도 참 잘했다 싶어요.

번역가 문인들

외국 문학을 우리말로 옮기는 번역가 중에는 문인들이 뜻밖에 많습니다. 아마 제가 처음 접한 것은 『그리고 아무말도 하지 않았다』를 쓴 전혜린의 번역본들이 아니었나 싶군요. 그녀의 에세이를 통해 루이제 린저의 『생의 한가운데』를 비롯한 많은 번역본을 접하게 됐었지요. 그 이후로 떠오르는 사람은 역시 문학평론가 김현이었습니다. 생 텍쥐페리의 『어린 왕자 Le Petit Prince』를 그의 번역본으로 읽었었는데 최근에도 계속 나오고 있지요. 오류가 몇 곳이 있었다고 합니다. 최근 우리 문단에서 유려한 번역으로 주목을 받고 있는 현역문인들도 많습니다. 김정환 시인이 『필립 라킨 시전집』을 옮겼고 앙드레 지드의 소설 『좁은 문』을 불문학을 전공한 이성복 시인이 옮겼지요. 〈섬〉의 시인 정현종 시인도 파블로 네루다의 시집 『질문의 책』을, 소설가 한유주는 루이스 캐럴의 『이상한 나라의 앨리스』 등을 번역했지요. 프랑스 소설가 르 클레지오의 대표작 『황금물고기』를 번역한 사람은 소설가 최수철입니다. 이 밖에도 소설가 한강, 김연수, 정영문, 배수아, 『위대한 개츠비』를 번역한 김영하 씨도 큰 몫을 하고 있지요. 이 중에서 김정환 시인의 번역서는 100권이 넘는다고 합니다. 문인들의 번역은 인세만으로 생활하기 힘든 작가들에게 고정수입이 되는 장점이 있지요. 특별히 문인들이 번역본은 문장이 아름답다는 정평이 있습니다.

꿈꾸는 달인

달인達人의 사전적 의미는 어렵지 않습니다. 학문이나 기예 따위에 뛰어난 사람을 뜻하고 달자達者라고도 하지요. 또한, 사물의 이치에 통달한 사람을 일컫기도 합니다. 텔레비전에서는 이 시대의 달인들에 대한 프로를 방영하는 것을 보기도 했었네요. 달인은 최고의 경지에 이른 사람들입니다. 어떤 사람들은 그런 경지에 이르기 위해서는 어떤 분야든 최소 10년은 기본기를 닦아야 한다는 말을 하기도 하고 또 그 말은 매우 설득력이 있는 것 같습니다. '호모 로퀜스'는 언어의 달인, '호모 아르텍스'는 예술의 달인, '호모 쿵푸스'는 공부의 달인, '호모 부커스'는 책 읽기의 달인, '호모 에로스'는 사랑과 연애의 달인을 뜻하기도 하지요. 그러면서 생각해 보네요. 그렇다면 스무 살 때부터 영어 과외를 해온 저는 과연 어느 만큼의 경지에 이르렀는가 하고요. 정말로 어림 반 푼어치도 없는 애깁니다. 어불성설이지요. 그만큼의 세월을 썼음에도 제 영어 실력은 형편없습니다. 무엇이 잘못됐을까 하고 고민도 해보지만, 해답은 나오지 않습니다. 왜 이리 부끄러운지 숨고만 싶어집니다. 달인은 아무나 되는 것이 아닌 모양입니다.

작가 이문구

충남 보령을 대표하는 작가 하면 맨 먼저 이문구와 김성동이 떠오릅니다. 『관촌수필』 『우리 동네』 『장한몽』 『매월당 김시습』 등의 작품을 남긴 이문구(1942~2003)는 대천여고 근방인 관촌에서 태어났지요. 전에 서울 연희동 연희문학창작촌에서는 '이문구를 생각하는 밤'이 열리기도 했지요. 그의 문장과 문체는 독특해서 '북의 홍명희, 남의 이문구'라는 별칭을 얻기도 했었습니다. 한마디로 그의 토속어는 서민들의 생활언어를 그대로 구수하게 구사하고 있다 할 수 있지요. 김동리의 추천으로 문단에 나온 그의 대표작은 역시 농촌을 소재로 한 『관촌수필』이지요. 이 작품에서 저자는 "1950~1970년대 산업화 시기의 농촌을 묘사함으로써 잃어버린 고향에 대한 그리움을 현재의 황폐한 삶에 대비시켜 강하게 환기시켜 주는 작품"이라는 평이 함축적이라 할 수 있습니다. 『우리동네』라는 책도 빼놓을 수 없는 역작이지요. 가히 평생 농부셨든 아버지의 역사라 하지 않을 수 없습니다. 변모돼 가는 농촌의 생생한 묘사는 타의 추종을 불허한다 할 수 있지요. 저는 그의 단편 모음 집인 『내 몸은 너무 오래 서 있거나 걸어왔다』도 좋아합니다.

즐기는 사람 樂之者

사람에게 등급이 매겨질 수 있다면 어떻게 분류를 할 수 있을까요? 수많은 논리가 있을 수 있겠지만, 어떤 경우이든 모르는 사람보다는 아는 사람이, 아는 사람보다는 느끼는 사람이, 느끼는 사람보다는 표현하고 노래할 수 있는 사람이, 표현하고 노래할 수 있는 사람보다는 즐기는 사람樂之者이 가장 높은 경지가 아닐까 생각해 봅니다. 공자님 말씀이기도 하지요. 인간은 본시 유희적 존재(Homo Ludens)입니다. 즐긴다는 것은 그만큼 중요하지 않을까 싶어요. 공부도 마찬가지입니다. 억지로 하는 것은 전혀 효과도 진도도 나갈 수 없지요. 좋아서 하는 것과는 비교할 수 없습니다. 오늘도 수업하면서 그런 말을 했네요. 영어를 잘하고 싶으면 우선 좋아해야 한다는 것이지요. 좋아하면 공부는 저절로 됩니다. 될 수밖에 없지요. 관심이 있는데 어떻게 배우지 않겠습니까. 오늘의 생을 즐길 수 있는 사람이 가장 높은 경지인 듯합니다.

제3부
이 또한 지나가리라

위대한 침묵

필립 그로닝 감독이 16년을 기다린 끝에 완성한 '위대한 침묵'이라는 종교영화가 조용한 흥행을 기록했지요. 해발 1300m 알프스 산중에 있는 카르투지오 수도원의 침묵 수행을 담은 다큐멘터리 영화로 대사와 음악이 거의 없다고 하네요. 저는 아직 보지 못했습니다. 상영시간이 2시간 40분(162여 분)이라니까 긴 편이군요. 침묵沈黙이란 무엇일까 하고 생각할 때가 많습니다. 불가에서는 언어가 번뇌를 부른다고 하지요. 언어는 본질의 그림자일 뿐이라고도 한답니다. 느림을 상실한 현대인들은 너무 많은 언어 속에 살고 있다고 할 수 있지요. 그렇기 때문에 침묵에 대한 갈증이 있는지도 모르겠습니다. 특히나 수도원의 침묵은 언어의 침묵이자 공간의 침묵, 시간의 침묵이라고도 할 수 있겠군요. 기회가 되면 꼭 보고 싶은 영화입니다. 가만 생각해보면 너무 많은 언어 속에 오늘도 침묵을 잃고 삽니다.

마음이 만들어 내는 시간 활용법

어떻게 하면 시간을 좀 더 효율적으로 쓸 수 있을까 늘 고민해 보지만 늘 그 타령입니다. 좀처럼 해답은 얻어지지 않고 실천은 더더구나 어렵군요. 끌 쩍하면 신문은 쌓여있기 마련이고 날마다 썼던 칼럼조차 빼먹기도 하네요. 하지만 아직도 최상으로 활용하지 못하는 비효율적인 잘못된 시간관념 탓이 제일 크다고 생각합니다. 시간은 고무줄과 같다고 생각해요. 만들면 있습니다. 중요한 것은 마음이지요. 그 만들 짬은 항상 마음이 결정해 주더라고요. 마음이 없으면 시간 또한 없습니다. 단순하지만 진리라 생각해요. 문제는 시간을 얼마만큼 풍요롭게 쓰느냐일 것입니다. 생산적인데 시간과 머리를 쓰는 것은 삶을 풍요롭게 하지요. 일만 할 수 없는 것이 사람일진대 노는 휴식시간 또한 절대로 필요하지요. 저는 노는 것도 정말 중요하다고 생각합니다. 학생들이 공부할 때도 마찬가지지요. 오랫동안 책과 씨름하는 것보다 집중력을 발휘해서 짧은 시간 학습하고 나머지는 쉬는 것도 좋은 방법이라고 생각합니다. 개인적으로 바둑을 좋아하지만, 온라인으로 가끔 감상은 해도 대국은 거의 하지 않습니다. 시간을 너무 많이 뺏기기 때문이지요.

모자람의 미학

나이가 들면서 만물이 큰 것보다는 작은 것이 좋다는 생각을 참 많이 합니다. 얼마 전까지만 해도 지금 사는 아파트보다는 좀 더 넓고 큰 곳에서 한 번 살아봤으면 했었는데 요즘엔 그 마음이 자꾸 쪼그라드네요. 장애가 심한 저에게 큰 집은 여러모로 불편하기 때문입니다. 우선 제일 큰 문제는 화장실에 갈 때도 기어가야 하기 때문인데 지금도 형님네나 동생네를 비롯해 큰집에 가면 여간 불편하지 않습니다. 기어서 가는 화장실은 멀기만 하기 때문이지요. 그래서 그런지 요즘에는 어떻게 하면 생활을 좀 더 단순하게 할 수 있을까 고민합니다. 인간관계도 마찬가지지요. 직함도 없지만, 나이를 먹는다는 것과 든다는 것은 그 직함을 내려놓는다는 것을 의미하지는 않을까 싶은 생각도 해보네요. 열 개가 넘는 베란다 화초의 수도 올해는 줄여볼 참입니다. 벽면을 메우고 있는 책이 문제인데,

그것만큼은 버리고 싶은 마음이 적으니 아직 욕심은 남은 모양입니다. 검儉은 모자람을 의미하지요. 차고 넘치는 것보다는 모자란 것이 더 가치 있다는 생각은 너무 구시대적인 사고방식일까요? 화려한 것 보다는 수수한 것이 점점 좋아지고 있으니 저도 나이가 들긴 들은 모양입니다.

세상에서 가장 이해하기 어려운 것

"조선에서 제일 여자 복이 없는 남자" 바로 청죽애깁니다. 제가 종종 우스갯소리로 그런 말을 하지요. 생전에 어머니께서도 그런 말씀을 여러 차례 하셨습니다. 어쩌면 그렇게 장가를 못 가느냐는 안타까움에 질타의 넋두리처럼 흥얼거리시던 말씀이기도 했지요. 어떻게 생각하면 저처럼 여자 마음을 모르는 남자도 없지 싶습니다. 여자들은 "이 간단한 것을 어떻게 그렇게 모를 수가 있지?"라고 한다지만 저는 전혀 모르겠습니다. 어려워요. 오죽했으면 신의 피조물 가운데 가장 복잡한 것이 여자의 마음이라고 했을까요. 어떤 사람이 세계적인 천재 과학자 스티븐 호킹에게 물었다고 합니다. "당신이 이해하기 가장 어려운 것이 무엇인가요?"란 질문에 "여자들이오."라고 두말할 필요가 없다는 듯 호킹이 대답했다고 하지요. 재밌는 얘깁니다. 맞는 말 같기도 하고요. 결혼해 정상적으로 사는 부부들 보면 모두 위대(?)하단 생각을 합니다. 그렇게도 어려운 난제의 문제를 풀고 다정하게 사는 것을 보면 말입니다. 여자의 마음을 안다는 것! 저에겐 적분보다 더 풀기 어려운 영원한 숙제입니다.

가슴을 데우는 일

　　　　　　불과 몇십 년 전만 해도 아궁이에 불을 때던 때 첫새벽쯤 되면 온돌방은 거의 식지요. 그러면 아버지는 부엌에 나가 큰솥에 물을 붓고 아궁이에 불을 지핍니다. 그러면 밝아오는 여명과 함께 아랫목이 따뜻해지지요. 이불을 걷고 일어나기가 싫어 조금만 더 조금만 더 했었던 기억이 납니다. 방 안이 따뜻해지려면 부엌에서 불을 지펴줘야만 했습니다. 그렇지 않음 따뜻함이란 기대할 수 없지요. 삶도 마찬가지란 생각을 늘 합니다. 무엇으로 나를 따뜻하게 유지할 것인가는 영원한 숙제지요. 아마도 그것은 사람마다 다르지 않을까 싶군요. 마음(영혼)을 따뜻이 데우는 일은 매우 중요합니다. 내 영혼이 맑고 따뜻해야 내가 사는 세상에 따뜻한 온기를 퍼뜨릴 수 있기 때문이지요. 내가 추우면 추운 것만 전달됩니다. 추운 것으로 전달된 것이 역으로 따뜻해질 수는 없지요. 아주 사소한 일이지만 진리라 여겨집니다. 날마다 가슴을 데우기 위해 노력하는 이들이 정말로 제일 멋있고 아름답습니다. 세상이 아무리 가슴을 차갑게 하더라도 내 영혼과 심장에서 펄펄 뿜어져 나오는 따뜻함에 비길쏘냐 하고 맞선다면 얼마나 높은 경지일까요. 나이를 먹는다는 것은 세상을 향한 불씨가 점점 사그라지는 것을 의미할지도 모르겠습니다. 허나 이 생각은 틀렸습니다. 가슴을 데워야 하는 일은 죽기 3일 전까지는 계속해야 할 인생의 몫(사명)이란 생각을 해보네요.

선택

『구토』『존재와 무』『문학이란 무엇인가』『실존주의는 휴머니즘이다』외 숱한 작품을 쓴 장 폴 사르트르(Jean Paul Sartre, 1905~1980)는 2차 대전 전후 시대의 사조를 대표하는 위대한 사상가로 평가받고 있는 인물이지요. 그의 어록 가운데 가장 기억에 남는 것은 "인생은 B birth와 D death 사이의 C choice"라는 말입니다. 삶은 선택이란 말이 맞습니다. 눈을 뜨는 순간부터 하루의 일과라는 것이 뭣인가를 끊임없이 선택하는 것, 바로 삶이니까요. 가만 생각해 보면 선택처럼 소중한 것도 없는 것 같습니다. 무엇을 선택하느냐에 따라 나의 생의 모든 것이 달라지기 때문이지요. 선택이란 이렇듯 실로 엄청난 것임에도 그 중요성에 비해 소중함과 가치를 등한시하며 살아온 것 같기도 합니다. 그 자신 또한 연인 시몬 드 보부아르를 만났던 것도 그의 역사를 새로 쓴 결과를 가져왔지요. 일찍이 T. S. 엘리엇은 "모든 사람은 이것이든 저것이든 하나를 선택한다. 그리고 그들은 그것에 대하여 책임을 져야만 된다."(Everyone makes a choice one or another. And then must take the consequences)란 말을 했고 또 철학자 키에르케고오르는 "이것이냐, 저것이냐(this or that?)란 명언을 남긴 것을 보면 예부터 삶에서 선택이 얼마나 중요한 것이었나를 짐작하게 합니다. 또한, 링컨은 이런 말도 했군요. "불행한 사람의 특징은 그것이 불행한 것인 줄 알면서도 그쪽으로 가는 점에 있다. 우리 앞에는 불행과 행복의 두 가닥 갈림길이 언제나 있다. 우리 자신이 둘 중의 하나를 선택하도록 되어 있다." 란 말도 했군요. 잘 산다는 것은 매 순간 선택을 잘했다는 뜻이겠지요.

짧은 생애에도

샬럿 브론테의 소설 『제인 에어』는 그야말로 '고전 중의 고전'입니다. 출간된 지 150년이 넘었지만, 이 소설은 전 세계에서 아직도 널리 읽히고 있으니까요. 한마디로 이 책은 영국 문학 최초로 '열정'을 다룬 로맨스 소설의 고전이라고 할 수 있습니다. 저는 십 대 때부터 이 작품을 여러 번 읽었습니다. 출간 당시 샬럿 브론테는 '커러 벨'이라는 남성 필명으로 발표했다고 하지요. 아마 비난을 피하기 위해서였다고 생각됩니다. 그렇지만 이 소설은 엄청난 파장을 일으키며 성공을 거두게 되지요. 아마도 당찬 여주인공의 삶이 신선했던 모양입니다. 여성 주인공의 낭만적 사랑이 독자들의 큰 호기심을 자극했겠지요. 이 글을 쓴 샬럿 브론테(Charlotte Bronte, 1816~1855)는 영국 국교회 목사의 셋째 딸로 태어났고 일찍 어머니를 여의고 연약한 몸으로 인해 숱한 고생을 하게 되지만 후에 『폭풍의 언덕』이라는 대작을 쓰게 된 동생 에밀리와 함께 집에서 독학으로 공부하며 시를 쓰기 시작합니다. 하지만 동생 셋이 모두 죽는 아픔을 겪게 되지요. 38세에 결혼을 하지만 결국 결혼 9개월 만에 눈을 감고 맙니다. 하지만 짧은 생애 동안에 자매가 세계 문학사에 불후의 『제인 에어』와 『폭풍의 언덕』이라는 대작을 남겼다는 것이 믿기지 않을 정도입니다. 이달에 강의 중인 그녀의 「Life」라는 시를 음미하며.

노No와 거절拒絶

　　　　인간관계에서 가까운 사람의 돈 부탁처럼 어려운 것도 없습니다. 단호하게 '노No'라고 할 수도 없는 상황일 때 그것은 더하지요. 참으로 어렵습니다. 거절이 얼마나 어려운 것인가는 너무도 잘 압니다. 저만 하더라도 평생 돈 때문에 사람을 몇 명 잃었지요. 개인적으로 돈에 대해서만큼은 아주 단호한 입장이고 냉철한 편입니다. 그런데도 거절을 못 해서 멀어져 버린 지인들이 여럿이네요. 돈을 빌려 갔으면 약속한 날짜에 갚아야 할 텐데, 형편이 나아져도 남의 것을 갚지 않는 사람들이 숱하게 많습니다. 무슨 배짱인지 도대체 알 수가 없습니다. 꾼 돈은 잊어도 빌려준 돈은 절대 잊지 않는 것이 사람의 습성입니다. 문제는 꿔준 돈은 줘야 받는다는 것입니다. 주지 않으면 절대 받을 수 없다는 것! 이것이 돈의 속성이며 한계지요. 저는 지금껏 살아오면서 남의 돈을 빌려본 기억이 거의 없지만, 꿔줬다가 떼인 경우는 부지기수네요. 제가 부자도 아닌데 말입니다. 안 꿔주면 서운타며 좋았던 관계가 서먹서먹해지면서 결국 끝나버리는 경우도 숱하게 경험했습니다. 될 수 있는 대로 친한 사람에게선 돈을 빌려서는 그리고 빌려 달라고 해서는 안 된다고 생각하지만, 인생사 어떻게 그렇게만 되던가요. 이래저래 그놈의 돈 때문에 머리가 아플 때가 많습니다.

시詩 암송의 행복

평생 시를 읽으며 살아왔지만 진작 시 전문全文을 암송하는 것은 불과 얼마 되지 않습니다. 아마 몇십 편이 조금 넘을까 싶네요. 부끄럽지요. 그래서 지난해부터 본격적으로 시를 암송하기 시작했습니다. 그런데 생각만큼 암기가 되지 않아요. 어떻게 하면 시 전문을 잘 외울까 고민하다 우선 짧은 시부터 시작하자 했지요. '내려갈 때 보았네 올라갈 때 보지 못한 그 꽃' 고은의 「그 꽃」이나 '연탄재 함부로 발로 차지마라 너는 누구에게 한번이라도 뜨거운 사람이었느냐' 안도현의 「너에게 묻는다」 '이른 봄에 핀 한 송이 꽃은 하나의 물음표다 당신도 이렇게 피어 있느냐고 묻는' 도종환의 「한송이 꽃」 '자세히 보아야 예쁘다 오래 보아야 사랑스럽다 너도 그렇다' 나태주의 「풀꽃」 '가장 낮은 곳에 그래도라는 섬이 있다 그래도 사랑의 불을 꺼뜨리지 않는 사람들' 김승희의 「그래도라는 섬이 있다」 등을 외우며 행복해합니다. 짧지만 여운이 긴 시들이지요. 촌철살인의 한마디로 폐부를 찌르는 단시短詩의 진한 감동은 아주 오래 남습니다. 이런 시들을 외우지 않을 수 없는 초봄의 행복을 전해요.

다르다와 틀리다

사람과 사람 사이의 소통을 가장 어렵게 하는 것은 상대방의 '다르다'를 '틀리다'로 규정하기 때문입니다. 다른 사람의 생각은 당연히 나와 다를 수 있습니다. 그 다름을 조금도 인정하지 않으면서 상대방을 일방적으로 틀렸다고 하는 것은 독선이며 아집 그리고 편협된 생각일 수밖에 없지요. 그것은 불행이 아닐 수 없습니다. 내 생각에 안 맞는다고 다 틀린 것은 결코 아닙니다. 생각이 좁아서 그렇게 생각하는 것이지요. 다름을 인정할 줄 모르는 사람들은 항상 소통의 부재를 달고 다닙니다. 자기만의 세계는 견고할지 몰라도 소통이라는 점에서는 부족한 사람이지요. 우리는 다름을 인정할 줄 알아야 합니다. 그것은 틀린 것이 아닙니다. 조셉 윌리엄스라는 분이 쓰신『논증의 탄생』이란 책에서 저자는 '그렇게 못하는 것은 그만큼 자신감이 없다.'는 의미라고 일갈했습니다. 얼마나 정확한 진맥인지요. 세상의 모든 사람의 생각을 자신과 똑같이 만들려는 것처럼 어리석은 사람도 없습니다.

나를 알아가는 통로

저에게 공부란 무엇일까 하고 생각할 때가 있습니다. 쉽잖게 내린 결론이 나를 알아가는 과정이라 했네요. 저는 공부가 고통스럽지 않아서 좋습니다. 만약 공부가 재밌지 않다면 못하겠지요. 하지만 저는 공부가 재밌습니다. 그래서 하는 것이지요. 아마 죽기 전까지 계속할 것입니다. 저에게 공부는 삶의 한 부분이 된 지 오래지요. 세상은 거의 모든 것을 결과의 잣대로 재단하고 결론을 내 버립니다. 하지만 저는 과정이 매우 소중하다고 생각하거든요. 이번 학기에도 물론 시험을 위한 것이긴 해도 몇몇 작품을 읽었습니다. 그게 어렵고 힘들어도 그렇게 좋아요. 『미국 문학의 이해』를 통해 겉핥기식이긴 해도 섭렵해 가는 과정이 참 행복합니다. 하고 싶은 공부를 한다는 것처럼 짭짤한 것도 없지 않나 싶어요. 그런 면에서 저는 참 행복한 사람이지요. 특별히 희곡 공부를 했던 적이 없었기 때문에 『영미희곡』을 통해 다양한 인간 군상들이 펼치는 진솔한 얘기는 어쩌면 그렇게 현대를 살아가는 바로 나의 이야기들인지 하고 놀랄 때가 많습니다. 나이를 떠니 공부하는 맛이 삶을 참 싱그럽게 한다 싶네요.

오늘도 배우는 감사

'감사만이 꽃길입니다/누구도 다치지 않고/걸어가는 향기 나는 길입니다/기도 한 줄 외우지 못해도/그저 고맙다 고맙다 되풀이하다 보면/어느 날 삶 자체가 기도의 강으로 흘러/가만히 눈물 흘리는/자신을 보며 감동하게 됩니다' 이해인 수녀의 시 한 구절입니다. 수녀님의 시를 읽다 보면 영혼이 맑아짐 이전에 먼저 부끄럽다는 생각이 늘 앞섭니다. 생각하면 감사 아닌 것이 없건만, 오늘도 그렇게 온전히 살지를 못하는 현실에 숨고만 싶어집니다. 불만은 또 다른 불만을 낳지만, 감사는 감사를 낳지요. 어떻게 생각해 보면 감사는 지상에서 천상을 사는 유일한 방법이며 돌파구인지도 모르겠습니다. '범사의 감사'란 성구가 있지만, 평균치가 버거운 삶에 범사의 감사가 가당키나 한가 싶을 때가 참으로 많습니다. 부끄러운 일이지요. 감사를 모르지 않지만 실천을 못 하고 사는 삶이 과연 시인의 경지에 이를 수는 없겠지요. 하지만 시를 읽으며 부끄러워졌다는 것은 감사를 내 생활 속에 더 활짝 피워야 함을 알기 때문인지도 모르겠습니다. '생활화'까지는 얼마나 먼 얘기일까 하고 자문도 해보네요.

알면 사랑한다

　　　　세상의 이치가 다 그럴지는 모르겠지만 저는 그렇게 믿습니다. 관심은 곧 사랑이라고 생각하기 때문이지요. 관심과 사랑은 이퀄=관계입니다. 관심이 있다는 것은 사랑이 있다는 것이고, 사랑이 있다는 것은 곧 관심이 있다는 것이지요. '알면 사랑한다' 라는 말이 과연 그러한가 하고 반문할지도 모르겠습니다. 저는 그렇다고 생각하지요. 어떤 것을 좋아하고 알게 되면 그것을 아끼고 사랑하게 됩니다. 모를 땐 전혀 관심도 없지요. 잘 알지도 못하는데 어떻게 관심이 있겠습니까. 세상의 만물이 거의 다 그렇지 않은가요. 알게 되면 자연히 관심을 갖게 되고 관심이 있으면 사랑하게 되는 이치는 하늘의 섭리 같다는 생각을 해 볼 때가 많네요. 어떤 분야에 관심이 있게 되면 그 분야를 좋아하게 되고 사랑하게 됨은 진리라 여겨집니다. 몰라서 사랑을 못 한 것이 죄라면, 알면서도 사랑치 못한 죄는 아마도 세상에서 가장 큰 죄란 생각을 해보네요.

아름다운 계절에

　　　　꽃피는 순간은 시인들만 감격하는 것이 아니지요. 빈부귀천을 떠나 꽃을 싫어하는 사람은 아마 없을 겁니다. 그중에서도 꽃피는 시절은 어느 계절과도 비교할 수 없지요. 꽃피는 순간을 가장 시적으로 표현한 시인은 아마도 오규원 시인이 아닐까 싶습니다. 그는 '꽃과 꽃나무'라는 시에서 이렇게 읊었지요. '노오란 산수유꽃이/폭폭, 폭,/박히고 있다/자기 몸의 맨살에'. 참 간명한 언어로 실감 나게 표현했군요. 창밖이 날로 푸름을 더해갑니다. 세상이 참 곱고 예뻐요. 아름답습니다. 새로 태어난 잎들이 팔랑이는 모습이 정말 예사롭지 않게 보입니다. 지난해도 피웠던 나무였지만 꽃잎은 지난해 것이 아니지요. 새로 태어난 것이고 처음 접해보는 세상살이지요. 어쩌면 저렇게 잘 적응하고 있을까 싶어 신비롭기까지 합니다. 처음인데 저렇게 바람과 햇빛과 세상의 공해와 소음에 잘 적응하고 있을까 싶어 대견하기까지 합니다. 아픔과 슬픔도 많은 세상이지만 나무와 꽃이 있어 위안이 됩니다.

노인의 성

성性은 인간의 2대 욕망 중의 하나지요. 남녀를 불문하고 성性 문제에 자유스러운 사람은 아마 아무도 없을 것입니다. 말도 많고 탈도 많은 것이 성(섹스)이지요. 톨스토이는 "성욕과의 싸움이 가장 어려운 투쟁이다."라고 했고, 이어령은 〈이것이 오늘의 世代다〉란 글에서 "오늘날 섹스는 사랑의 종점이 아니라 개찰구改札口이다. 정신의 결합에서 육체의 결합을 이루던 사랑의 순서는 19세기에 끝나고 이제는 그것이 뒤집혀서 육체의 결합 끝에 정신이 교통된다."라고 했지요. 성이 시대와 함께 어떻게 변해왔는가를 알 수 있는 것 같습니다. 전혜린은 『그리고 아무 말도 하지 않았다』에서 "성이란 화폐처럼 중성적일지 모른다. 거기에 색채를 부여하는 것은 인습 같다."란 표현을 했지요. 섹스는 많지만, 소통은 없는 시대입니다. 소통 하고 싶지만, 소통이 두려워 욕망에만 매달리는 시대이기도 하지요. 찰나적인 섹스에만 탐닉하는 사람들이 뜻밖에 많다는 뜻이지요. 섹스를 통해 소통을 시도한다는 것은 올바른 생각이 아니지요. 하지만 현대인들은 섹스가 먼저입니다. 그리곤 소통의 부재에 절망하기도 합니다. 성은 세상에서 가장 아름답고 성스러운 것이지요. 저는 노인들도 약의 힘을 빌려서라도 섹스를 해야 한다고 생각합니다. 그것은 잘못된 것이 절대 아닙니다. 노인들도 성을 삶의 한 부분으로 당연히 누려야 합니다. 몸이 불편한 사람 또한 마찬가지고요. 성에 대해선 아직도 잘못된 사회적 편견과 관념이 문제입니다. 눈이 나쁠 때 안경을 쓰는 것이 뭐가 잘못된 것인지요. 성도 마찬가지가 아닐까요.

사랑해

영미 사람들은 "I love you."라고 하고, 프랑스 사람들은 "Je t'aime."라고 하고, 독일 사람들은 "Ich liebe dich."라고 하며, 그리고 중국 사람들은 "我愛你."라고 한다지요. 모두 "나는 당신을 사랑합니다."란 뜻입니다. 이어령 교수의 『느껴야 움직인다』라는 책에 보면 셰익스피어의 전 작품에 사랑이라는 말이 2,271번 나온다는 구절도 있습니다. 사랑한다는 말처럼 아름다운 표현이 있을까 싶어요. 이 말은 대상이 인간에 국한하지도 않습니다. 세상에 존재하는 만물과 보이지 않는 신까지 그 대상은 천차만별이지요. 사랑한다는 말을 들어서 기분 나빠할 사람이 있을까요? 아마 예외적인 특수한 경우를 제외하고 그런 예는 드물지 않을까 싶네요. 사랑한다는 말은 듣는 사람도 좋지만, 하는 사람이 더 좋지요. '사랑해.'란 말이 정말 좋아요. 그 말을 하루에도 수십 차례 하고 싶어 못

견뎌 합니다. 하지만 쉽지 않아요. 아무한테나 할 수 있는 표현 또한 아니기 때문이지요. 하지만 사람이 아닌 대상에겐 저도 아주 잘합니다. 베란다의 화초에도 하고요. 그런데 아무리 사랑한다고 해도 대답은 들을 수 없지만, 잘 크는 것을 보면 아마도 알아듣는 모양입니다. 주변 사람들에게도 입이 닳도록 그 말을 더 자주 하며 살았으면 좋겠습니다.

시인이란

"남들은 절망이 외롭다고 말하지만 나는 희망이 더 외로운 것 같아." 김승희 시인의 시집 『희망이 외롭다』 중에 나오는 구절입니다. 정말 그런 것 같다는 생각을 내내 해보네요. 희망을 품고 산다는 것은 대단히 중요합니다. 희미하게 보일지라도 희망 속에 모든 소망을 안고 살아간다는 것은 소중하기 때문입니다. 그런데 그 희망이 밝은 빛으로 보이지 않을 때 절망하게 되지요. 한용운은 「복종」이라는 시에서 "남들은 자유를 사랑한다지마는 나는 복종을 좋아하여요"라고 읊기도 했는데, 보이지 않는 희망 속에 절망을 떨구는 한 줄기 빛을 만나고 싶어집니다. 문학평론가 염무웅은 "세계 파멸의 순간에도 언어에 대한 신앙을 버리지 못하는 것이 시인의 숙명"이라고 말했지요. 그는 더불어 희망은 차라리 '종신형'이라고까지 말한 바 있습니다. 시인은 남들이 보지 못하는 것을 보는 사람들이지요. 느끼지 못하는 것을 느끼는 사람들이고 노래하지 못하는 시어에 곡을 붙여 노래하는 사람들입니다. 그가 바로 시인이지요. 시인은 세상의 모든 것을 가슴으로 품은 사람이란 생각을 다시 해봅니다.

놀고먹는 방법

　　　　　일하지 않고 일생을 사는 법이 있을까요? 너나 없이 고개를 갸우뚱하실 것 같은데, 공자님은 있다고 하시네요. 제 얘기가 아니라 공자님 말씀이니 한 번 읽어 볼까요. "네가 좋아하는 일을 택하게 되면 평생 놀며 지낼 수가 있다(Choose a job you love, and you will never have to work a day in your life)." 참 기발한 착상이 아닐 수 없습니다. 좋아하는 일을 한다는 것이 얼마나 중요한가를 바로 보여주는 말씀이라 하지 않을 수 없지요. 확실히 일은 그렇습니다. 좋아서 하면 힘도 덜 들고 지루하지도 않지요. 시간 또한 엄청나게 빨리 갑니다. 자기의 일을 즐기기 때문이지요. 하지만 억지로 하는 일은 정반대입니다. 좋아하는 일을 하게 되면 일을 한다는 것 보다는 즐긴다는 의미가 되기 때문이겠지요. 그리고 행복하고요. 보람은 더 말할 나위도 없습니다. 세상에 모든 사람이 그렇게

만 일을 할 수 있다면 진짜 놀고먹는 것이겠지요. 하지만 문제는 좋아하는 일만 할 수 없다는 것이지요. 인간의 한계랄까요. 솔직히 좋아서 일하는 사람이 얼마나 될까 싶기도 해요. 그렇지만 생각하나를 바꾸면 진짜 놀고먹는 방법이 되지 않을까요.

베스트 원과 온리 원

세상에 베스트 원Best One은 많습니다. 분야마다 최고인 사람들은 그야말로 넘치지요. 부지기수입니다. 하지만 베스트 원의 개념 중 1등이 없어지면 2등이 그 자리를 대신 차지하게 되지요. 그래서 1등은 영원하지 않고 물이 흐르듯 그렇게 일정한 순간만을 최고의 자리에 앉게 돼 있습니다. 여기에 비해 온리 원Only One은 개념이 사뭇 다르지요. 세상에 누구도 내 삶을 대신 해 줄 수 없습니다. 이 세상에 나는 오직 나 하나뿐이니까요. 어떻게 생각하면 나라는 존재만큼 소중한 것도 없지요. 성경에도 천하를 얻고도 목숨을 잃으면 무슨 유익이 있겠냐고 했지요. 유일하기 때문일 겁니다. '온리 원'의 자리는 오직 하나이기 때문에 베스트 원과는 차원이 다릅니다. 결코, 비교할 수 없지요. 베스트 원으로 사는 것도 중요하지만, 온리 원은 훨씬 더 소중합니다. 내가 나답게 산다는 것처럼 소중한 것이 또 있을까요? 베스트 원으로 살기보다는 순간마다 온리 원으로 나만의 독창성을 지향하는 삶을 끝까지 살고 싶습니다.

파블로 네루다

"현실주의자가 아닌 시인은 죽은 시인이다. 그리고 오직 현실주의적이기만 한 시인도 죽은 시인이다. 단지 비현실주의적인 시인은 자기와 자기를 사랑하는 사람만이 이해할 수 있으며, 이것은 슬픈 일이다." 칠레의 민중 시인이자 사회주의 정치가인 파블로 네루다(Pablo Neruda · 1904~1973)의 말입니다. '파블로 네루다'는 필명이지요. 본명은 네프탈리 리카르도 레예스 바소알토(Neftalí Ricardo Reyes Basoalto)라고 합니다. 그의 가장 유명한 작품으로는 1924년에 출판된 《20편의 사랑의 시와 한 편의 절망의 노래》이지요. 그를 일러 콜롬비아의 소설가 가브리엘 가르시아 마르케스는 "어떤 언어로 보나 20세기의 가장 위대한 시인이다"고 했습니다. 1971년 네루다는 노벨 문학상을 받았지만, 후에 그의 정치적인 행태 때문에 논란거리가 되기도 했었습니다. 서울 종로구 세종로 교보빌딩에 그의 유고 시집 '질문의 책'에 실린 글귀가 얼마 전 등장했습니다. '나였던 그 아이는 어디 있을까 아직 내 속에 있을까 아니면 사라졌을까'고 묻고 있네요.

그거면 충분하지 – It is enough

한 달 동안 내내 이 한 구절을 음미하고 있습니다. 미국의 여류시인 에밀리 디킨슨의 작품 중 「사랑이란 이 세상의 모든 것That Love is all there is」이란 시 중에 나오는 한 구절이지요. "그거면 충분하지"라고 강은교 시인은 번역했습니다. 이 시구를 음미하면서 지난 세월 참 받았던 것이 많구나 싶어 감사가 저절로 나왔어요. 저는 개인적으로 예배당에서 남들이 드리는 기도를 듣다 보면 어떤 사람은 끊임없이 계속 달라며 조르는 기도를 하고 또 어떤 사람은 지금껏 주신 은혜에 감사하는 감사 기도가 핵심을 이루는 경우를 듣게 되는데, 그냥 계속 달라고 하는 것보다 여태껏 받은 은혜에 감사하는 기도가 훨씬 더 좋더라고요. 가만 생각해 보면 지금껏 얼마나 많은 것을 받고 살아왔나 싶어 외국 시인이 쓴 시지만 참 옳다, 맞다, 그렇구나 하면서 "그거면 충분하지"란 시의 참뜻을 생각해 보고 있습니다. 이만큼 살아온 것, 생각하면 감사뿐이네요.

노경老境의 시학

　　　　해가 갈수록 아름답게 나이를 먹고 싶다는 생각을 자꾸 하게 됩니다. 어떻게 생각하면 동정일여動靜一如는 아직도 멀기만 한데 품위 있게 나이를 먹고 싶다는 것은 여전히 욕심인지도 모르겠어요. 시대의 척도는 물질입니다. 거의 모든 것이 물질로 평가되고 가치 기준 또한 그렇게 흘러가는 세상에서 물질도, 건강 또한 소유하지 못한 현실에서 과연 품위 있게 나이를 먹고 싶다는 것이 가당키나 한가 싶기도 하네요. 애당초 건강한 몸과 부도 소유하지 못했으니 그 둘은 포기한 지 오래입니다. 함에도 어떻게 하면 나이를 곱게 먹을 수 있을까 생각해보네요. 주변에서 닮고 싶은 사람들을 만날 때마다 기분이 좋아집니다. 행복해지지요. 나도 저렇게 나이를 먹으면 되겠구나 싶기 때문입니다. 나이가 들어도 공부하며 글을 쓰는 노경의 시인들이 참 부럽습니다. 일찍이 청록파의 한 사람인 조지훈은 "시는 천계天啓다. 그러나 그 천계는 스스로가 만든 것이다"라고 했지요. '나이 60에 겨우/꽃을 꽃으로 볼 수 있는/눈이 열렸다./신神이 지으신 오묘한/그것을 그것으로/볼 수 있는/흐리지 않는 눈/어설픈 나의 주관적인 감정으로/채색彩色하지 않고/있는 그대로의 꽃/불꽃을 불꽃으로 볼 수 있는/눈이 열렸다' - 박목월 시 「개안開眼」. 이런 경지가 마냥 부럽습니다. 연륜이 쌓이면 쌓일수록 시야가 하늘처럼 트이고, 얽매임이 없이, 두루 통하게 되는 것은 그런 나이 듦이 오늘도 부럽습니다.

만년필 추억

　　　　제가 십 대였던 때는 필기구라고 해야 연필이 가장 흔했고 형님들은 펜촉에다 잉크를 찍어 글씨를 썼습니다. 그러다 보니 책상 위는 늘 잉크를 엎지른 흔적이 남아 있곤 했지요. 펜촉으로 쓴 글씨는 아주 선명했고 글씨를 연습하기엔 최적의 필기구였습니다. 그 이후에 볼펜이 나왔는데 처음에는 당최 미끄러워서 마음대로 글씨가 써지지 않았던 것으로 기억합니다. 지금도 여전히 나오고 있는 우리나라 최초의 볼펜은 하얀색의 모나미 153 0.7이 아니었나 싶어요. 저는 오랫동안 볼펜보다는 만년필로 글을 써왔습니다. 특히 일기는 거의 만년필로 썼지요. 만년필 글씨는 우선 깔끔합니다. 최근엔 조금 덜하긴 하지만 볼펜 글씨는 일명 '잉크 똥'이 나와 상당히 지저분했지요. 요즘에는 그것이 아예 안 나오는 볼펜이 대세라고 합니다. 기술이 많이 발전했다는 뜻이지요. 그런데 요즘에 나오는 대부분 만년필은 두께가 상당합니다. 저는 개인적으로 얇은 것을 선호하는 입장이어서 고르기가 쉽지 않더군요. 특히나 요즘에는 만년필의 가격이 만만찮습니다. 그만큼 쓰는 사람이 줄어든 탓일지 아니면 어떤 권위의 상징으로만 만년필이 전락(?)하고 있는 것은 아닌가 싶어 아쉽기도 합니다. 지금은 높은 자리에 있는 분들이 중요한 서류의 서명 날인을 할 경우에만 대부분 만년필을 쓰는 것 같더군요. 얼마 전 생일 선물로 받은 만년필의 잉크 향이 모처럼 코를 자극합니다.

철학적 물음

철학哲學이란 흔히 인간과 세계에 대한 궁극의 근본 원리를 추구하는 학문을 뜻합니다. 또한, 자기 자신의 경험 등에서 얻은 기본적인 생각을 일컫기도 하지요. 철학이 어떻게 시작됐는지는 이미 철학책에 자세히 나와 있지만 저는 물음에서 시작됐다고 생각합니다. 그 맨 처음 질문은 아마도 '우리는 어디서 왔는가, 우리는 무엇인가, 우리는 어디로 가는가'가 아니었을까요? 동서양을 막론하고 그동안 수많은 철학자가 이 질문에 대한 답을 찾아 일생을 헤매며 학문적으로 탐구하고 연구하지 않았나 싶습니다. 하지만 철학은 쉬운 학문이 아니지요. 오늘날에 나오는 철학책도 여전히 두껍습니다. 기본이 5~6백 페이지 되지요. 저는 아주 오래전 안병욱 교수가 쓴 『현대사상』이라는 책을 맨 먼저 봤습니다. 개론서보다 먼저 읽었으니까요. 그 이후 여러 권의 철학책을 읽었지만, 내가 찾는 해답은 찾을 수 없었습니다. 철학적 물음이란 것이 애당초 어렵기도 하거니와 더 솔직히 말하면 지금은 해답이 없기 때문이라 생각하지요. 어떤 철학자가 평생을 연구해서 명쾌한 해답을 얻었다 해도 그것은 만인에게 공통으로 적용되기란 불가능하기 때문이지요. 어떤 사람에게는 맞을 수 있지만 어떤 사람에게는 황당한 얘기도 될 수 있기 때문입니다. 하지만 저는 철학적 물음은 반드시 필요하다 생각하지요. 불볕더위 속이지만 나(眞我)를 발견해가는 철학적 기쁨은 가장 크기 때문입니다.

일어나라! 좀 더 너를 불태워라!

저는 솔직히 그림과 화가들에 대해서는 잘 모릅니다. 하지만 최욱경(1940~1985)에 대해서는 조금 알지요. 45년 길지 않은 생애를 살다 간 화가지요. 우선 이분하면 미국 페미니즘 화가 조지아 오키프((Georgia O'Keeffe · 1887~1986)를 좋아했으며 대담한 선과 강렬한 색채, 격렬한 붓질로 내면의 열정을 분출한 서양화가라고 알려져 있습니다. 그녀를 일러 흔히 한국 색채 추상의 대표작가라고들 하지요. '학동마을'이 유명하고 '작가들이 좋아하는 작가'로 꼽는답니다. 제가 이 화가를 좋아하는 이유는 단 하나입니다. 며칠씩 식음을 전폐하고 오직 그림에 전념했던 화가의 아파트 겸 작업실엔 이런 문구가 걸려 있었다고 합니다.

'일어나라! 좀 더 너를 불태워라!'

이 말이 얼마나 좋은지 저는 단박에 그녀에 대해서 알아보기 시작했고, 그녀의 짧았던 '요절한 천재' 생애가 참 안타까웠습니다. 그녀는 서울대 미대 졸업 후 미국에서 공부하고 대학 강단에 섰던 그는 귀국 후 한국적 색채추상의 독자적 세계를 추구했으나 한국에선 통하지 않아 고독하게 자신만의 세계를 추구했었던 것 같습니다. 특별히 그녀의 인체 드로잉은 볼수록 대단하다고 생각합니다.

가슴 따뜻한 사람

이름 석 자를 떠올리는 것만으로도 가슴이 따뜻해지는 사람들이 있습니다. 그중 한 명이 바로 국민화가 박수근(朴壽根, 1914~1965)이지요. 2014년은 그의 탄생 100주년이 되는 해였습니다. 독학으로 미술을 공부했던 그는 초등학교 졸업이 그의 최종학력입니다. 2011년 세상을 떠난 작가 박완서는 『나목』에서 박수근의 미군 부대 PX에서 초상화를 그렸던 얘길 했지요. 생계를 위해서였다고 하지요. 그는 평생 가난했다고 합니다. 그런데도 그 모진 세월 속에 어떻게 그렇게 따뜻한 그림을 그릴 수 있었을까요. 아기 업은 소녀, 절구질하는 아낙네, 시장과 빨래터 풍경 등을 바라보고 있노라면 평생 궁핍한 삶을 살다 51세에 세상을 떠난 화가라고는 상상이 잘 가질 않습니다. 모두가 가난했던 시절이어서 그랬을까요. 가장 서민적이고 지금은 그림값이 가장 비싼 화가 박수근! 그는 겸

손했고 과묵했다고 합니다. 그림과 성격이 일치했던 화가라고 하지요. 그는 삶과 예술이 하나로 일치했던 아름다운 사람이었습니다. 그의 유화 '빨래터'는 45억 원에 이른다고 하며 '나무와 여인'도 좋지요. 그는 한국인의 사소하고 평범한 일상을 숭고한 경지에까지 올려놓은 화가로 평가됩니다.

특강

　　2014년 포천시청에서 "지역사회를 위한 행동하는 자원봉사 - 나눔과 실천"이라는 주제로 한 시간 동안 특강을 했습니다. 요청을 받고 고민을 했네요. 눈물과 재미와 감동이 있는 내용으로 구성해 달라고 요청이 왔어요. 하지만 그럴 재주는 없고 어찌해야 하나 생각하다가 가장 한국적인 것이 가장 세계적인 것이란 생각이 들더군요. 그래서 결정한 것이 남 얘긴 다 빼고 제 얘기만 하기로 했고 초안을 잡아나갔습니다. 주어진 시간은 딱 한 시간인데 제가 살아온 삶과 나눔 속에 핀 꽃에 대한 얘길 했네요. 시의 각급 기관장들과 가장 따뜻한 가슴을 지닌 200여 분의 자원봉사자들이 자리를 메운 가운데 떨리는 가슴으로 살아온 생애와 봉사를 하게 된 과정 등을 조목조목 짚어나갔습니다. 어떻게 전달이 됐는지는 모르지만, 몸이 불편한 사람도 가슴에 불덩이 하나 안고 생을 뜨겁게 가꿔가는 모습이 조금이라도 각인됐다면 싶은 욕심을 가져봅니다. 삶이 펄펄 끓어 행복한 강연이었어요.

부러운 시대와 시인

　　로버트 프로스트(Robert Frost, 1874~1963)는 20세기 미국 최대의 국민적 시인으로, 전후 4회에 걸쳐 퓰리처상을 받은 것으로 유명하지요. 『가지 않은 길』 The Road Not Taken이 유명합니다. '단풍 든 숲 속에 두 갈래 길이 있었습니다/몸이 하나니 두 길을 가지 못하는 것을/ 안타까워하며, 한참을 서서/낮은 수풀로 꺾여 내려가는 한쪽 길을/멀리 끝까지 바라다보았습니다' 라고 시작하지요. 그는 오랫동안 뉴햄프셔의 농장에서 생활했고, 그 지방의 아름다운 자연을 맑고 쉬운 언어로 표현했습니다. 또한, 자연 속에서 인생의 깊고 상징적인 의미를 찾으려고 노력한 시인이었지요. 현대인의 하루하루는 곧바로 전쟁의 연속입니다. 총칼 들고 싸우는 것만이 전쟁이 아니지요. 삶이 그만큼 치열한 싸움의 연속이라는 것입니다. 마음의 여유는 없고 시간과 끊임없이 다투면서 사네요. 가지 않은 길을 가는 것도 아닙니다. 그것은 새로운 길을 내는 창조의 길이지만 우리네 보통 사람들의 삶은 철저하게 답습입니다. 나만의 길이 아닌 무작정 따라가는 것이라고나 할까요. 독창성을 상실한 지는 이미 오래입니다. 끊임없는 모방 속에 나의 존재감은 쉽사리 찾아지지도 않는군요. 시인이 살았던 그 시대와 삶이 부럽습니다. 상실한 여유는 무엇으로 어떻게 회복할 수 있을까 싶네요.

마음으로 모시는 어르신

저는 학교 문턱에도 가보질 못했기 때문에 특별히 기억나는 스승이 없습니다. 스승과 제자라는 인간관계의 부재라는 면에서 보면 참으로 안타까운 일이 아닐 수 없지요. 대학에 들어갔으나 얼굴을 마주 본 강의가 아니었기에 사제지간의 돈독한 정과 사랑은 여전히 알지 못합니다. 보통 사람들처럼 직장이나 사회생활 또한 해본 적도 별로 없기에 일반적인 동료라는 개념 또한 희박할 수밖에 없지요. 은둔자도 아니면서 은둔자같이 된 삶이었다고나 할까요. 하지만 저에겐 수많은 스승이 계시는데 바로 책 속에 만난 분들입니다. 평생 책이 나를 키웠고, 지금은 그 책을 쓰신 모든 분이 다 저의 스승이라고 생각합니다. 그런 면에서 보면 저는 참 많은 스승을 모신 행복한 사람이 아닐 수 없지요. 그중에서도 특별히 각인된 숱한 스승들의 이름을 다 기억할 수 있다는 것이 얼마나 행복한지 모릅니다. 소설가의 경우 읽은 작품명은 물론이려니와 그 주인공의 이름까지 거의 다 기억할 수 있다는 것이 얼마나 다행인지 모릅니다. 스승의 부재 시대라는 말이 유행처럼 번지고 있는 시대에 맘속에 이런 분들을 스승으로 모실 수 있고 평생을 문청文靑 혹은 학동學童으로 살 수 있음도 행복합니다. 그 모든 정신적 스승들께 큰절을 올립니다.

가장 설익은 사람

　　　　　명절이 되면 해묵은 일로 인해 어김없이 언짢은 일을 겪는 가정이 많습니다. 그중에 하나는 차례 문제이지요. 우리의 제사나 차례는 관습이나 종교 이전의 근원적인 전통과 가정만의 풍습 또는 관습이 함께하고 있다고 생각합니다. 그 전통은 생명처럼 아름다운 것이기에 결코 잃을 수 없는 각 집안의 아름다운 구근(뿌리)이라 생각하지요. 하지만 언제부턴가 우리 사회는 변하기 시작했는데, 제사나 차례를 지내는 것이 우상숭배쯤으로 인식하고 있는 사람들이 너무나 많다는 것입니다. 저는 그렇게 생각하지 않습니다. 후손 된 도리로 조상을 생각하고 정성으로 모시는 것은 종교 이전의 문제라는 것이지요. 우리 주변 어떤 종교인 중엔 제사 혹은 차례상에 올리는 음식조차 손대지 않음은 물론이려니와 상에 올랐던 음식은 전혀 먹지도 않는 잘못된 신앙관을 가진 분들도 많습니다. 그런 탓에 부모·형제 간에도 갈등의 골이 깊어 명절 기분을 망치는 경우가 너무 많습니다. 잘못된 신앙관이 얼마나 무섭고 큰 문제인가를 단적인 예지만 알 수 있지요. 그리고 또 하나 귀향을 해서는 직장에서 승진했거나 명예를 얻었다고 또는 사업이 잘돼 돈푼깨나 만지더라도 제발 고향에서는 거들먹거리지 말아야 할 텐데 그것을 모르는 사람들이 여전히 많다는 것입니다. 큰 소리로 떠들지 않아도 이미 다 알고 있음을 그들만이 모른다는 것이지요. 정말로 설익은 사람들입니다.

생의 5대 요소

세상을 구성하고 있는 것으로 흔히 지수화풍 地水火風을 듭니다. 하지만 그것은 이 지상에 존재하는 모든 것에 해당하는 말이 되지요. 인간에게만 국한해 생각해 보면 정답은 아닙니다. 사람은 일생을 살아가는 데 필요한 것들이 참 많습니다. 그중에서도 제일 중요한 것이 뭘까요. 당연히 "인간관계"라고 할 수 있을 겁니다. 사람과 사람 사이의 관계는 정말로 중요하지요. 그다음은 정신이나 영혼을 들고 싶습니다. 어떤 사상을 갖고 사느냐는 것인데 가장 중요하지 않나 싶어요. 몸(육체)이나 물질은 그다음이라 생각하지만, 현대의 많은 사람들은 그렇게 생각하지 않는 모양입니다. 물질을 우선하는 경우가 대부분이고 그다음이 외모라고 하던가요. 물질, 물론 중요합니다. 현대 사회는 물질이 없으면 생존이 어렵습니다. 도회의 삶은 아예 불가능하지요. 하지만 세상의 모든 가치를 물질에

치중하다 보니 이제는 정말로 모든 것보다 우위에 있는 것이 당연한 것으로 생각하며 사는 사람들이 대부분입니다. 그렇지만 절대 아니지요. 인간 삶에는 물질보다 더 중요한 것이 있습니다. 그것은 세상을 바라보는 제대로 된 가치관이 아닐까 싶어요. 인간이 인간답게 말이지요. 또한, 모든 인간을 신으로 바라볼 때만 진정한 인간 존재의 가치관은 회복된다 하겠습니다.

어머니와 수건

한 단체의 임원으로 오랫동안 있다 보니 큰 행사를 치르고 나면 한 해 두어 차례 수건을 몇 장씩 가지고 오게 됩니다. 생전에 어머닌 그때마다 숫자를 세시며 흩어져 사는 자식들의 숫자와 맞춰 놓고 주말이나 휴일 자식들이 오기를 기다리셨습니다. 일곱 자식보다 수건이 많을 땐 조카들 몫까지 챙기셨지요. 수건이 적어서 조카들을 못 줄 땐 반드시 기억해 두었다가 나중에 못 준 조카들을 챙기셨습니다. 어머니에게 그 일은 작지만 내심 즐겁고 참 행복한 일인 것 같았습니다. 십 년도 넘게 저는 무조건 수건만 타다 어머니께 드리면 그것으로 제 몫은 끝이었지요. 누구를 주던 저는 상관없었으니까요. 어머니가 돌아가신 후 수건을 가지고 올 때마다 행복해하시던 어머니 생각이 간절히 납니다. 어제도 수건을 갖고 오면서 어찌나 어머니 생각이 나던지요. 어머니와 함께 살았던 그때가 몹시도 그립고 보고 싶었습니다. 세월의 힘 앞에 무력한 인간의 한계일 수밖에 없지만, 그리움은 어찌할 수 없었습니다. 어머니는 치부책에 적어 놓지도 않으시고 골고루 나눠줬는데 저는 젊었는데도 우선 명단을 작성해 놓고 보니 한편으론 웃음이 픽하고 나왔습니다. 할매, 내가 벌써 그러네! 하는 자조의 웃음이 얼굴 가득 번지면서 수건을 갖고 올 때마다 좋아하시던 어머니 생각이 더 났습니다.

바람만이 아는 대답

팝송을 자주 듣는 사람이라면 밥 딜런(Bob Dylan, 1941~)의 Blowing in the wind 라는 노래를 모르진 않을 겁니다. 제가 이 노래에 흠뻑 빠졌던 것은 지난 1972년 열여섯의 여름이었습니다. 당시 저는 고향 삽시도 뚝말 하꼬방에서 점원 생활을 하고 있을 때였는데, 그해 여름 서울의 한 대학에서 학생들 30~40여 명이 단체로 와 제가 머물던 집에 민박했는데, 저녁이면 전원이 함께 기타로 이 노래를 불렀을 때 저는 단박에 그냥 뿅 갔었지요. 기타를 배우고 싶다는 열망은 어쩌면 이 노래 때문이었는지도 모릅니다. 그 여름 이후 우리 가수가 이 노래를 번안해서 불렀다는 것을 알았고 저는 지금껏 이 노래를 좋아합니다. 하지만 문제는 이 노래의 가사가 절대 쉽지 않다는 것이지요. 그 심오함의 깊이는 가히 태평양의 심해 수준입니다. 평생 영어를 공부해 왔고 지금도 그 한가운데 있지만, 이 노래를 제대로 번역한다는 것은 여전히 벅찹니다. 가사가 온통 철학적이어서 단순하게 이거라고 그냥 쉽게 짚을 수 있는 것이 아니라는 데 어쩌면 이 노래의 매력이 있지요. 오랫동안 망설였지만, 이번 달 제가 맡은 영어교실에서 이 노래를 소개하기 시작했습니다. 제 나름대로 번역하고 해석한 가사의 깊은 의미를 전달할 참입니다. 이 노래는 피터 폴 앤 메리가 부른 노래도 좋습니다. (밥 딜런은 2016년 노벨문학상을 수상했습니다.)

칠등팔갈 七藤八葛

　　　　　갈등葛藤이란 문학작품에서 등장인물 사이에 일어나는 대립과 충돌 또는 등장인물과 환경 사이의 모순과 대립을 이르는 말이기도 하지만, 칡과 등나무가 서로 얽히는 것과 같이, 개인이나 집단 사이에 목표나 이해관계가 달라 서로 적대시하거나 충돌함 또는 그런 상태를 이르기도 합니다. 다산은 칠등팔갈七藤八葛이란 말을 즐겨 썼다고 해요. 등넝쿨이 일곱이고 칡넝쿨은 여덟인데 이것이 엉켰으니 어찌 풀겠냐는 것이지요. 사회나 국가의 반목이 너무 심합니다. 대립 또한 마찬가지지요. 소통이 잘 되는 것 같으나 실은 그렇지 않은 경우가 정말로 많습니다. 그 어떤 문제도 얽혀서는 풀리지 않습니다. 실마리를 찾아 하나하나 풀어가야 하지요. 거기엔 반드시 양보가 따라야 합니다. 내 입장만 고수한다면 매듭의 실마리는 결코 찾을 수 없지요. 역지사지 마음이 절대로 필요합니다. 아집과 독선 그리고 편협된 사고思考는 오늘도 제일 무서운 인생의 적임을 깨닫습니다. 얽혀 있는 문제는 반드시 풀어야 합니다. 내 마음의 아집을 절반만 덜어낼 수 있다면 문제의 실마리는 아주 쉽게 풀릴지 모릅니다.

머리로 사는 사람, 가슴으로 사는 사람

저는 머리로 사는 사람을 그다지 좋아하지 않습니다. 그런 분들은 논리 정연하고 사리에 밝고 해야 할 일과 하지 말아야 할 일을 칼처럼 분명하게 구분하는 부분은 있지요. 또한, 특징 중 하나는 흑백 논리가 너무 강한 것 같기도 합니다. 매사 명확하고 분명하긴 한데 솔직히 가까이하고 싶은 마음은 적습니다. 철두철미하게 자기를 관리하는 것도 질리고 자기의 생각에 맞지 않으면 절대 가까이하지 않습니다. 그렇기 때문에 적이 많지요. 절대로 실수를 용납하지 않는 것도 정이 덜 갑니다. 외형적으로는 완벽한 삶을 사는 것 같이 보이기도 하지요. 하지만 왠지 그런 사람은 답답합니다. 저는 가슴으로 사는 사람이 좋습니다. 조금 못나고 덜 떨어졌더라도, 덜 화려하고 가끔은 실수를 저질러도 그의 사람됨을 의심하지 않는 여백미 풀풀 나는 그런 사람이 좋습니다. 욕심 같지만, 세상의 그 어떤 사람과도 친구가 될 수 있는 사람이 제일 좋지요. 하여튼 각진 사람은 한여름에도 등허리가 서늘합니다. 늘 긴장을 하고 사람을 만나야 한다는 것처럼 불편한 것이 세상에 또 있을까 싶기도 하네요. 오늘도 자신 속 깊은 가슴으로 사는 사람으로만 하루를 보내고 싶습니다.

우리 시대의 마지막 르네상스인

클래식 음악을 듣기 시작한 지는 퍽 된 것 같습니다. 하지만 솔직히 아는 것은 별로 없네요. 그동안 도움을 받은 책을 들라면 당연히 전 청주대 영문과 교수셨든 "우당愚堂" 안동림의 『이 한 장의 명반』 1, 2입니다. 이 책은 1988년도에 처음 나왔지요. 최근엔 새로운 표지로 바뀌어 나오기도 했습니다. 이 책에서 저자는 카잘스의 「무반주 첼로 조곡」 발견에 관한 얘기가 나옵니다. 1889년 어느 날, 카탈루냐의 수도 바르셀로나(스페인)의 한 악기점 으슥한 구석에서 먼지를 흠뻑 뒤집어쓴 채 200년 동안이나 잠자고 있던 「무반주 첼로 조곡」의 악보가 발견되었다는 것이지요. 그것은 멘델스존이 발굴 초연한 「마태 수난곡」에 버금가는 위대한 발견이었다고 전합니다. 저자는 동양고전 번역가로도 유명합니다. 『장자』와 불교의 진수를 보여주는 화두집 『벽암록』을 완벽한 주석과 해설로 출간했지요. 저는 그 전에 몇 곳에서 나온 『명곡해설』서를 읽었고 또 후엔 박종호의 『내가 사랑하는 클래식 1, 2』라는 책에서 많은 도움을 받기도 했습니다. 마로니에북스에서 나온 『죽기 전에 꼭 들어야 할 클래식 1001』도 음악을 고르는 데 도움이 됐던 것 같네요. 요즘에도 주말과 휴일엔 하루 거의 2시간씩은 클래식 음악을 작정하고 듣습니다. '우리 시대의 마지막 르네상스인'으로 불리기도 했던 안동림 선생은 지난 2014년 별세하셨습니다. 그가 번역(역주)한 『장자』는 여전히 서가에서 웃고 있네요.

이 또한 지나가리라

　　　　인생사에는 이런저런 고난이 많습니다. 어떤 사람은 유복한 가정에서 태어나 평생을 아쉬울 것 없이 사는 사람도 있지만, 대부분은 그렇지 않습니다. 나이가 들면서 생활을 위해 평생을 노력해야 하고 그것이 당연한 것으로 인식하고 살지요. 맞습니다. 그게 인생입니다. 문제는 고난이 닥칠 때 어떻게 그것을 극복하느냐는 전적으로 개인에게 달렸다 하겠지요. 같은 사안이라도 사람마다 어려움의 농도가 같을 수 없기에 해결 방안 또한 천차만별입니다. 어떻게 생각하면 삶이란 그리고 나이란 고통을 어떻게 희석하느냐가 아닐까 싶기도 합니다. 바라보는 그리고 극복하는 관점이 그만큼 중요하단 뜻이겠지요. 작가 김별아의 치유 산행기 제목이기도 하고 미국의 대통령이었던 에이브러햄 링컨이나 피겨 스케이팅 선수 김연아까지 많은 이가 좌우명으로 삼고 있다는 "이 또한 지나가리라 –

This, too, shall pass away."라는 말이 그렇게 좋습니다. 원전은 성경이라고 하지요. 솔로몬의 보석보다 귀한 한마디라고 합니다. 오늘 그 어떤 어려움이 그리고 고통으로 힘겨워하고 계시는가요. 이 또한 곧 지나갑니다.

나의 가장 큰 소망

나의 가장 큰 소망이 뭘까 하고 생각할 때가 있습니다. 이제는 부자가 되는 것도, 명예가 높아지는 것도, 건강한 육신을 소유하는 것도 솔직히 지금은 아니네요. 그럴 수도 없지만요. 수년 전까지는 조금 넓은 평수로 이사를 하고 싶은 꿈이 있었습니다만, 지금은 그것도 시들해졌습니다. 언젠가 연이 닿아 가정을 갖게 되면 조금 넓은 평수로 이사를 해야지 하는데, 그날이 언제 올지는 알 수 없지요. 세월이 흘러도 변함없는 저의 가장 큰 꿈은 여전히 "잘 사는 것"입니다. 그 잘산다는 것이 뭣인지는 정확히 모르지만, 지금껏 평생을 추구해왔고 앞으로도 그럴 것이기 때문에 변할 수 없는 것 같네요. 아주 오래 전 〈네 생이 아름답다는 칭찬만은…〉이란 제목의 자작시를 쓴 적이 있습니다. 부끄럽지 않은 삶으로 바람이 부니 살아야 하고, 해야 할 몫(사명)이 있으니 죽기 사흘 전까지는 이웃에 지식 나눔 봉사를 계속하고 싶습니다.

제4부
불꽃처럼 화려하진 않아도

작은 형님과 마음의 빛

휠체어를 처음 산 것은 스물네 살 때였습니다. 70년대 말만 하더라도 당시엔 국내엔 수입제품 외엔 휠체어를 만드는 곳이 없었기 때문에 돈을 갖고도 살 방법이 없었지요. 유일한 방법은 중고제품을 사는 것이었는데, 마침 친척뻘 되는 고모님의 주선으로 지난 80년대 초 15만 원을 주고 구했을 때의 감격을 잊지 못합니다. 당시 저에게 휠체어는 세상으로 나가는 지상의 문이었고 내 가장 귀중한 보물인 다리가 되었지요. 휠체어를 구입 전까지 머리를 깎는다든지 하는 바깥출입을 해야 할 땐 늘 지금은 경기도 발안에 사시는 작은형님의 등을 빌려야 했습니다. 십 대 중후반의 동생을 등에 업고 다니실 때 형님은 무슨 생각을 하며 이발소로 향했을까 하고 종종 생각해 볼 때가 있습니다. 지금도 아련히 아프면서도 잊히지 않는 기억 하나는 지난 1977년 7월 6일 남에게 보이기 싫은 삐쩍 마른 다리를 이미 사진에 담아 보냈었지만, 기어코 징병 장소에 나와 검사를 받으라는 통보가 나왔습니다. 어이가 없었지요. 걷지도 못하는 사람에게 이런 검사를 받으라는 통지서가 나오다니요. 어쩔 수 없이 결국 또 형님의 등에 업혀 5일에 한 번씩 뭍으로 가는 장배를 타고 대천까지 나와 신검 장으로 가든 날은 비는 어찌 그리 폭포처럼 쏟아졌던지요. 왜 택시를 타지 않았는지는 기억이 없습니다. 하여튼 집을 나선 5분 만에 흠뻑 젖었던 기억이 납니다. 몸 불편한 장애인 동생을 둔 형님으로 어쩔 수 없었다 해도 평생 살아오면서 그 형님한테 진 마음의 빚은 절대 없어지지 않았지요. 지금도 잊지 못하는 또 하나의 기억은 열일곱 무렵 안면도 삼봉마을에서 형의 등에 업혀 보령 땅 고향 삽시도까지 갔던 기억입니다. 버스와 기차 그리고 장배를 타고 가야 하는 그 고행의 나들이 내내 형의 등에 업혀서

갈 수밖에 없었지요. 지난 2014년 대통령 표창이 결정되고 보호자로 단 한 사람만 대동해 청와대에 갈 수 있다 했을 때, 서슴지 않고 형님의 이름을 불러줬습니다. 그해 형님을 모시고 청와대에 들어가 수상자 행적이 대형스크린 영상으로 나올 때 형님은 내내 눈물을 훔치셨습니다. 나도 속으로 계속 울었지요. 그 흐르는 회한의 눈물 속에 형님에 대한 마음의 빚은 상당 부분 탕감돼 있었지요. 형님, 이 동생을 업어준 숱한 날들 정말 고생하셨고 사랑합니다.

글쓰기 권하는 사회

　　　　　　인터넷의 발달은 우리네 삶을 여러 가지로 바꿔 놓았습니다. 그중의 하나가 전 국민에게 글쓰기를 요구한다는 것이지요. 예전엔 글을 쓴다 하면 작가나 시인인 문필가를 떠올렸습니다. 하지만 지금은 아니지요. 거의 모든 국민이 날마다 글을 쓰는 시대입니다. 특별히 인터넷 매체는 물론이려니와 지금은 SNS(사회관계망서비스) 및 스마트폰의 발달로 누구나 글을 쓰고 있지요. 하지만 좋은 글을 쓴다는 것은 좀처럼 쉽지 않습니다. 그렇기에 작가나 시인은 평생 우리 말과 글을 다듬고 쓰는 사람들이라고 할 수 있지요. 좋은 글을 쓰기 위해서는 분명코 그런 삶을 살아야 함은 물론이고 또 끊임없이 공부해야 한다 생각합니다. 공부하지 않고 좋은 글을 쓸 수는 없지요. 요즘에는 좋은 글을 쓰는 데 도움이 되는 참고서 같은 책들이 많이 나와 있습니다. 한 권쯤 선택해서 옆에 두고 아무 때나 아무 페이지나 펴서 읽어도 도움이 됩니다. 저는 머리맡에 두고 있는 책이 많으면 많을수록 좋다고 생각해요. 아무 때나 펼쳐볼 수 있기 때문이지요. 몇 번을 읽었어도 그냥 지나쳤든 구절들이 어느 순간 문득 가슴속을 파고들 때가 있습니다. 카톡 한 줄을 쓰더라도 상대방을 행복하게 하는 좋은 문장을 써야 함은 물론이겠지요.

피하고 싶은 대화 두 가지

저는 누구를 만나든 될 수 있는 대로 피하고 싶은 대화 두 가지가 있습니다. 하나는 종교이고 나머지는 정치입니다. 한국 정치와 종교는 누구에게나 첨예한 문제라 생각합니다. 이 둘은 오늘날 한 가지 공통점을 갖고 있는데, 둘 다 똑같이 제대로 된 몫(사명)을 온전히 하지 못하고 있다는 것이지요. 종교가 종교의 사명을 온전히 감당하지 못하고 있고 정치가 그 몫을 제대로 못 하다 보니 여기저기 질타의 소리만 난무할 뿐 해결의 실마리는 보이지 않습니다. 둘 다 병이 깊다고 생각해요. 모두가 하나같이 나름의 견해는 갖고 있습니다만, 그 견해가 사분오열된 상태이지 어떤 해결의 합일점을 찾아가는 데는 어려운 것 같습니다. 종교에 몸을 담고 있는 사람조차 오늘날 종교가 너무 많은 문제에 봉착돼 있음을 부인하지 않고, 정치인은 정치인대로 또한 마찬가지입니다. 이러다 보니 누군가를 만나 선뜻 꺼내기가 여간 조심스럽지 않은 것이 실제 상황입니다. 정답도 해답도 없는 경우가 너무 많은 탓일까요. 하루빨리 종교는 종교대로 정치는 정치대로 제자리를 찾아 누군가를 만났을 때 맨 먼저 하고 싶은 얘기가 됐으면 좋겠습니다.

장애인 마크, 이제는 바꿔야 할 때

　　　　　　우리 주변에서 장애인 마크는 아주 흔하게 볼 수 있습니다. 지금은 거의 모든 관공서를 비롯해 아파트 주차장은 물론, 대형할인점에만 가도 장애인 마크를 볼 수 있습니다. 장애인이 휠체어에 등을 대고 앉아 있는 정적인 모습으로 세계 공용이라고 하지요. 1968년 국제 공모에 당선된 덴마크인 수잔느 코에프의 작품으로 알려져 있습니다. 하지만 이것은 너무 오래됐지요. 이젠 바꿔야 합니다. 몸이 불편하다고 어떻게 휠체어에 가만히 앉아만 있단 말입니까? 그리고 장애인을 뜻하는 'handicapped'란 단어도 이젠 정말로 사용해서는 안 됩니다. 이 단어는 과거 장애인들이 손hand에 모자cap를 들고 구걸하는 모습에서 유래했다는 것을 아는 사람은 다 알지요. 얼마 전 뉴욕주가 장애인 표지판을 더 역동적인 모습으로 교체하기로 했다는 기사를 읽으며 우리나라도 하루빨리 바꿔야 한다 생각합니다. 지금 우리가 곳곳에서 볼 수 있는 장애인 표지는 그들을 수동적이고 부정적인 이미지로 단단히 한몫하고 있음을 아프게 생각합니다. 이젠 바꿔야 합니다.

시인은 얼마나 아플까

　　　　　시를 좋아하다 보니 어쩌다 '詩 전도사'가 됐습니다. 시를 쓸 수 있는 재주는 없지만, 좋은 시를 널리 알리겠다는 마음 하나로 오늘까지 《활짝웃는독서회》를 이끌고 있지요. 2017년 4월 현재 140호 회지를 편집하면서 그동안 참 많은 시를 다시 읽고 회지에 싣거나 카페에 올렸습니다. 이런 작업을 오랫동안 하다 보니 인터넷에 떠도는 상당수의 시가 본래 책에 실린 것과는 다른 경우를 엄청 많이 보게 됩니다. 조사가 빠지는 경우는 부지기수고 행갈이, 연갈이는 물론 중요한 어구나 문장, 행 등이 빠지거나 혹은 더 첨가된 예도 있어 책에서 확인하지 않는 시는 절대 회지에 싣지 않고 있습니다. 저는 이름난 시인은 아니지만 처절하게 생 앓이를 하면서 건져 올린 훼손된 자신의 분신 같은 시를 보면서 시인은 얼마나 아플까 생각해 봤습니다. 글자 한 자를 쓸까 말까를 놓고 밤을 새우는 시인의 가슴이 전해진다면 퍼 나를 땐 정말 신중을 기해야 한다 생각해요. 그리고 글자 한 자라도 잘못된 곳이 있다면 반드시 바로 잡아야 더 나쁜 확산을 막을 수 있겠지요. 시어 하나 때문에 시인은 생의 맨 마지막까지 우는 사람이라 생각합니다. 영혼의 젖줄을 퍼 올리는 시인을 아프게 한다는 것은 빚의 차원을 넘어 범죄입니다.

세상에 공짜는 없다

지식 나눔을 시작한 것은 지난 1994년부터였습니다. 2017년 현재 꼭 24년이 됐네요. 장애가 하도 심해 걷는 것은 고사하고 한 번이라도 서보겠다는 마음 하나로 수술대 위에 누웠을 때, 자신도 모르게 기도가 나왔습니다. 그것은 다름 아닌 이 수술이 성공하여 걷게 된다면 최소 100명에게 무료교육을 하겠다는 것이었지요. 그것이 서원誓願 기도였다는 것을 처음에는 알지도 못했습니다. 수술은 성공했고 비록 한쪽 보조기에 목발을 짚긴 했지만, 이후 걷게 되었고 생활이 안정을 찾아갈 즈음 이웃들을 만나기 시작했지요. 목표치인 100명 중 80명을 채우고 개인 무료학습을 뒤로 미룬 채 인근 두 곳의 복지관으로 강의 장소를 옮겼습니다. 일주일에 네 번 하루 90분씩 만 12년을 했네요. 얼마나 많은 사람이 거쳐 갔는지는 저도 모릅니다. 요즘에도 한 달이면 거의 150~200여 명이 제 강의를 들고 있으니까요. 합해보니 20년 이상이 그렇게 훌쩍 흘렀네요. 한 가지 감사한 것은 지금도 그렇지만 제가 할 수 있는 일이 있다는 것이 그렇게 좋을 수가 없습니다. 더구나 지식을 나눌 수 있어 더 행복하지요. 눈비 오고 더위나 혹한이 계속될 땐 휠체어로 25분 거리의 강의실을 찾아가기가 절대 쉽지만은 않습니다. 그래도 저를 기다리는 사람들이 있다는 것처럼 행복한 삶도 없음을 오래전에 배웠지요. 지난 2014년 청와대에서 대통령으로부터 직접 상을 받았습니다. 상이 탐나 보낸 세월이 아니었음에도 세상엔 공짜가 없다고 그렇게 가르쳐줬지요.

기념 수건

지난 2014년 말 청와대에서 받은 대통령 표창을 기념해 난생처음 기념 수건을 만들었습니다. 처음 150장을 맞춰왔는데 하룻밤 자고 나면 줄 사람이 생각나고 또 하루가 지나고 나면 다른 사람이 떠올라 한도 끝도 없음을 알게 됐었네요. 그래도 이분만은 빠뜨리면 안 되지 싶은 사람이 많아 50장을 더 맞춰와 나눴습니다. 나누면서 참 행복하다 싶었지요. 수건이 배달돼 온 날 색깔별로 꺼내 놓고 한동안 쳐다봤습니다. 물론 사진도 한 몇 장 찍어뒀지요. 실로 많은 생각이 떠올랐어요. 살아온 삶 전체는 물론이고 제 삶의 철학과 걸어온 여정이 그대로 영상처럼 다 담겨있구나 싶었습니다. 돈으로 따지면 불과 몇 천 원밖에 안 되지만, 그 수건 한 장에 담긴 뜻은 정말 가볍지 않았고 어떻게 생각하면 제가 살아온 일생의 열매란 생각도 들더군요. 감회가 새로웠습니다. 그러면서 모처럼 제 이름을 부르며 저를 칭찬했습니다. "남국아, 그동안 애썼다. 참말로 수고 많았다."라고요. 이 몸으로 세상의 험한 다리 건너며 모진 풍파 다 이기고 승리의 깃발이 바로 이 수건 한 장이구나 싶더라고요. 간절히 그리운 부모님의 모습을 떠올리며 그냥 감사가 나왔습니다. 말이 아닌 몸으로 증명하려 했던 내 삶의 첫 열매는 이렇게 수건 한 장으로 귀결됐지만, 이제부터는 또 다른 한 장의 수건을 위해 남은 생을 불태울 각오를 합니다. 오늘도 가장 뜨거운 가슴으로 세상을 안고 힘찬 출발을 할 수 있어 행복합니다.

아련한 추억의 삼중당 문고

　　　　　내가 처음으로 삼중당 문고를 읽기 시작한 것은 1974~5년이었습니다. 돈은 없고 읽고 싶은 책은 많았던 시절 낱권 200원짜리 문고본은 가히 구세주 그 자체였지요. 책값을 벌기 위해 당시에도 정말 부지런히 원고를 썼고 오래전 없어진 동아방송을 비롯한 신문사 등에 원고를 보냈던 기억이 납니다. 어느 해이었던가 한 신문에 짧은 수필을 하나 냈는데 발표됐고 원고료가 3천 원이 부쳐왔어요. 당시 그 돈은 책을 15권이나 구입할 수 있는 거액이었고 그 기쁨이 정말 컸지요. 그때 구입한 책 중에 지금도 서가에 총 13권이 꽂혀 있는데, 누렇게 색이 바래고 바삭바삭 할 정도지만 당시에도 밑줄을 쳐가며 정말 마음의 양식으로 맛있게 먹었던 기억이 새롭습니다. 당시 문고본 중엔 시인 박목월이 쓴『밤에 쓴 人生論』을 비롯해 철학자 김형석의『永遠과 사랑으로부터의 對話』그리고 이어령의 『拒否하는 몸짓으로 이 젊음을』 등 당대 한국 최고의 철학가는 물론 석학들의 글이 많아 얼마나 좋았던지요. 오늘 그 책 중의 하나를 다시 읽고 싶어 꺼냈습니다. 먼지를 털어내고 보니 77년 판인데도 아직은 읽을 만하네요. 집어든 책은 이어령의 『바람이 불어오는 곳』. 곳곳에 밑줄이 쳐진 책을 보면서 흔 세월과 지금은 왜 이렇게 값싼 문고본이 우리에겐 없을까 아쉬움이 자꾸 커집니다. 장정일 시인도 '삼중당 문고'란 시를 썼지요. 예전엔 우리나라에도 을유, 정음, 서문, 문예, 박영 등 숱한 문고판이 있었지만, 지금은 그 어느 한 곳도 살아남지 못했습니다. 간신히 명맥을 유지하는 곳은 범우문고쯤 될까요. 우리나라도 프랑스의 크세즈나 영국의 펭귄 또 일본의 '이와나미처럼 대표적인 문고판 책이 왜 없을까 생각하면 안타깝기만 합니다.

오늘의 삶을 즐기는 자가 되고 싶다

이웃에 재능을 나눠주기 시작한 이후 종종 받는 질문 중엔 어떻게 그 긴 세월 동안 변함없이 그렇게 할 수 있느냐입니다. 1994년부터 시작했으니 벌써 세월이 일 년처럼 그렇게 퍽 흘렀네요. 저는 남을 가르치는 것이 좋습니다. 가만 생각해 보면 물질에 도움이 되지 않는 강의일수록 준비는 더 철저히 했고 지금도 그렇게 일주일에 6시간씩 두 곳에서 수업을 진행하고 있습니다. 어제는 거의 1년 동안 함께 한 외국인 보조 선생님께 헌정하는 노래를 불렀지요. 어찌나 좋아하는지 가슴이 뭉클했습니다. 기타를 들고 갔다 와야 하는 어려움은 있지만, 그렇게 가끔 함께 수강생들과 노래를 부르기도 하지요. 저는 진정한 고수는 즐기는 자라고 생각합니다. 무료강의를 하러 가는 그 자체를 즐기는 것이지요. 가며 오며 좋아하는 시를 외우기도 하고 좋은 문장을 암기하기도 하는데 그것은 고스란히

덤으로 축복처럼 그것이 생의 채움을 줍니다. 2500년 전 공자님은 이미 그것을 알고 계셨음을 책에서 읽고 무릎을 쳤습니다. "즐기는 자를 이길 수 없다(知之者 不如好之者, 好之者 不如樂之者)" 저는 그래서 오늘도 행복합니다.

휠체어 선생님

 지난 2015년 5월 15일 대전 한화생명 이글스 파크 넥센과의 홈경기에서 스승의 날 기념 '시구'를 했습니다. 1만 5천여 명의 만원 관중이 지켜보는 가운데 난생 처음 구단 유니폼을 입고 연습 투구에 이어 운동장에 나가 공을 던졌지요. 만감이 교차했습니다. 부모님이 보고 싶었고 이 장면을 보여드릴 수 없다는 것이 못내 안타까웠지요. 그래도 큰형님과 사촌 동생, 고향 후배와 함께 간 선생님들이 지켜봐 줘서 얼마나 좋았는지요. 살아온 생애 동안 장애로 인해 평등의 대열에서 벗어나 힘들었던 모든 회한을 그날 그 공에 다 털어 넣고 힘껏 하늘을 향해 딴에는 던진 것 같습니다. 감사하게도 그 절대의 순간을 여러 언론의 기자들이 포착해 실어주는 바람에 귀한 사진 몇 장을 얻을 수 있었던 것은 축복이 아닐 수 없네요. 나 자신의 기쁨은 물론 나를 아는 모든 친인척과 지인들 모두가 하나같이 자기 일처럼 기뻐해 줘서 남다른 감회에 젖기도 했습니다. 이종 누님과의 통화에서는 목이 메어와 말을 잇지 못하고 한동안 울먹이기도 했습니다. 그런 누님이 계셔서 더없이 행복했고 감사를 드렸네요. 확인된 것만 24곳의 언론에서 내 기사를 다뤘고 지금도 계속 여기저기서 연락을 받고 있습니다. 이번 시구를 계기로 새로운 닉네임(애칭) 하나를 추가하게 됐는데 '휠체어 선생님' 바로 그 이름입니다. 행정자치부에서 구단에 넘겨준 약력 소개를 그렇게 했기 때문인지 거의 매체마다 그 제목으로 나온 것을 봤네요. 고향 후배는 가슴 벅차게 자랑스럽다며 흥분을 감추지 못했고, 구장의 대형전광판에 사진과 함께 약력이 소개될 때 동행한 큰형님께서도 엄청 감격스러웠노라 말씀하셨습니다. 시구 장면 때 광고가 나가 아쉬웠는데, 생중계 도중에 충분히 소개됐다는 소식도 들었고 서울역에서 처음 타본 KTX에 아주 특별한 잊지 못할 추억의 여행이었습니다.

합격과 졸업

　　　　　소아마비로 인해 초등학교조차 다니지 못한 탓에 나에게 졸업이란 평생 가장 낯선 말 중의 하나였습니다. 벌써 오래전 검정고시로 초중고를 마쳤지만, 하나같이 '합격'이었지 '졸업'은 아니었기 때문입니다. 대학에 들어가 한 해 휴학을 했지만, 공부는 계속했지요. 오전에 강의를 나가야 하는 관계로 입학 첫해 딱 한 학기 출석수업을 했고 그다음엔 계속 대체시험을 봤기 때문에 늘 점수는 좋지 않았고 끝 쩍하면 권총(F)을 차기도 했습니다. 여러 가지 원인과 이유가 있었지만, 솔직히 단 한 과목도 A⁺를 받아본 적이 없이 졸업하게 됐다는 것이 아쉽기도 하네요. 하지만 나에게 '졸업'이란 얼마나 깊고 깊은 뜻이 담겨 있는가 하고 자문합니다. 쉰아홉에 영어영문학과를 졸업하게 됐다는 것이 말입니다. 이번 2학기부터는 대학원 진학을 잠시 미루고 국어국문학과 3학년에 편입해 공부를 계속 이어갈 참입니다. 죽기 사흘 전까지는 공부를 계속한다는 내 생의 목표에 또 하나의 획을 그은 격이라고나 할까요. 늦었지만 자축하는 마음이 행복합니다. 결혼했더라면 아내가 졸업선물을 해줬을지 모르지만, 나에겐 아내가 없으니 내가 나에게 큰 선물을 할 수밖에요!!! 15년 동안 들었던 오디오를 교체했고, 22년 동안 내 곁을 지킨 통기타를 바꿨습니다. 컴퓨터 앞 책장도 마지막으로 새로 맞춰 선물의 구색을 갖추고 나니 지난 세월이 결코 헛된 것이 아니었음을 감사해 합니다. 141점의 졸업학점을 위해 47권의 책을 모두 통과했다는 것이 한편 자랑스럽습니다. 나에게 공부는 자신에게 줄 최고의 선물이기에 오늘도 행복하네요.

기타를 바꾸며

　　1990년 여수에서 1~2차 수술을 받고 11개월 만에 서울 집에 왔을 때 저는 정말로 집도 절도 없는 빈털터리였습니다. 한 차례 수술을 더 남겨 놓은 상태였지만, 우선 들어갈 쉼터조차 없었기 때문에 먼저 방을 구해야 했지요. 불편하지만 당분간 조카 방에서 지내다 3차 수술을 마저 끝내고 얻어 보자는 어머니의 말씀에 따르기로 했습니다. 이듬해 3월 수술을 마치고 100에 5만 원씩 주기로 하고 부엌도 없고 재래식 뒷간밖에 없는 허름한 방 한 칸을 얻어 짐을 옮겼습니다. 하지만 살길이 막막했지요. 주인집 나무 대문에 영어 과외 한다는 쪽지를 붙이고 났을 때도 삶에 대한 불안은 가시질 않았습니다. 우선 월세 5만 원에 생활비도 없는 형편이었기 때문이었지요. 쪽지를 붙이고 난 며칠 후부터 학생들이 찾아오기 시작했을 때의 감격을 잊지 못합니다. 여기서 실패하면 나는 끝장이라는 각

오로 정말 열심히 가르쳤습니다. 입소문을 타고 수강생은 날로 늘어갔는데 맨 먼저 사고 싶은 것은 역시 기타였지만 현실은 그리 녹록지 않았습니다. 그로부터도 꼭 2년을 더 기다려서 한 대를 샀고 햇수를 헤아려 보니 꼭 22년이 됐네요. 너무 없던 시절에 큰맘 먹고 샀던 것이라 정말 아끼고 또 아꼈습니다. 대가 휠까 봐 늘 줄을 풀어 놓는 것은 기본이고 몸통을 닦을 때도 좋은 수건으로만 닦았지요. 이랬던 나의 애장품을 지난주에 떠나보냈습니다. 만감 교차라고나 할까. 기타도 늙는다는 것을 아는 사람은 많지 않습니다. 바이올린 같은 경우는 세월에 더 좋아지는 예도 있지만, 기타는 그렇지 않은 것 같아요. 소리가 자꾸 째지고 찌그러지는 현상에 어쩔 수 없이 바꾸기로 했습니다. 아직은 쓸 만하기에 사촌 동생한테 물려줘 서운함이 덜하긴 하지만, 정말 아끼고 사랑했다는 주인의 마음을 전하고 싶습니다. 잘 가라. 내 애인이었던 기타여 영원히 안녕.

오만과 편견

영국의 여류작가 제인 오스틴(Jane Austen, 1775~1817)은 자국에서 '지난 천 년간 최고의 문학가' 조사에서 셰익스피어에 이어 2위를 차지할 만큼 영국인의 큰 사랑을 받는 작가입니다. 대표작은 역시 『오만과 편견 Pride and Prejudice, 1813』이지요. 섬세한 시선과 재치 있는 문체로 18세기 영국 중상류층 여성들의 삶을 다룬 작품으로 2백여 년이 지난 오늘에도 사랑을 받는 작가입니다. 하트포드셔의 작은 마을에 사는 베넷 가에의 다섯 자매 얘기지요. 두 명이 결혼 적령기를 맞고 있는데 성격도 제각각입니다. 맏딸은 온순하고 마음이 착하며 만사에 내성적인가 하면 둘째는 인습에 사로잡히지 않고 재치가 넘치는 발랄한 아가씨입니다. 이 작품이 지난 10년간 국내에서 판매된 세계문학 전집으로 묶여 나온 고전 가운데 가장 사랑받은 작품이라는군요. 무려 31만 부가 나갔다고 합니다.

2위는 제롬 데이비드 샐린저의 『호밀밭의 파수꾼』(민음사), 헤르만 헤세의 『데미안』(민음사), 니코스 카잔차키스의 『그리스인 조르바』(열린책들), 스콧 피츠제럴드의 『위대한 개츠비』(민음사) 순이었다고 하네요. 올해는 영화 탓인지 『위대한 개츠비』가 가장 많은 판매량을 기록하고 있다고 합니다.

아버지의 시계

　　　　어제오늘은 아버지 제사를 며칠 앞둔 탓인지 아니면 오늘 전국의 일간 신문 지상에 제27회《아산상 자원봉사상》수상 소식이 알려진 탓인지 모르겠습니다. 아버지는 단 사흘을 앓고 돌아가셨는데 내가 걷게 됐단 것을 못 보셔서 그게 평생 한恨으로 남아 있습니다. 아버지는 평생 농부로 사셨고 벗이 많은 분이셨지요. 돌아가시기 불과 몇 년 전 어느 해 설을 맞아 고향 집에 가면서 당시로는 거금 3만 원을 주고 고향 선배가 운영하던 시계포에서 아버지의 이 시계를 샀습니다. 아버진 몹시도 이 시계를 아끼셨는데 외출할 때만 차셨으니 그 애정이 얼마였는지 짐작이 갑니다. 아버지가 갑자기 돌아가신 후 유품으로 제가 여태껏 간직하고 있는데 돌려서 밥만 주면 지금도 잘 갑니다. 귀에 대보면 째깍거리는 명쾌한 소리가 어찌나 청명하게 들리는지 아마도 좋은 것이었던가 봅니다. 단 30

초만 아버지를 만날 수 있다면 아버지, 하고 부른 후 제가 이렇게 걷고 청와대에서 대통령 표창을 받았으며 2015년엔 정주영 할아버지가 만들어 시상하는 대한민국에서 제일가는 큰 봉사상을 받았다고 자랑하고 싶어집니다. 많은 상금도 받았다고. 아버진 어떤 표정을 지으실까요. 아직도 장가를 못 갔느냐고 혼내실까. 그럴지도 모르겠습니다. 아버지를 내 차에 모시고 고향이나 안면도 외가엘 가는 것은 또 얼마나 좋을까. 좋은 일이 생기면 부모님 생각이 더 납니다. 특별한 가슴앓이를 시킨 자식이기에!!!

아산상을 받고

제가 2015년 〈아산상 자원봉사상〉의 주인공이 될 줄은 미처 몰랐습니다. 27회째인 아산상은 아산사회복지재단에서 매년 시행하고 있는데, 서울아산병원 내 아산생명과학연구원 1층 강당에서 형제들과 친지들이 지켜보는 가운데 수상의 영예를 안았습니다. 발표에 의하면 총 270명의 추천자 중에서 12명(개인·단체)을 뽑았는데 그 안에 들어 〈자원봉사상〉의 주인공이 됐지요. 아직도 나에게 이런 엄청난 축복이 주어졌다는 것이 잘 믿기지 않고 흥분이 가라앉질 않습니다. 나 개인은 물론 집안과 친지, 그리고 많은 지인의 축하를 받으며 실감하고 있네요. 식장에선 부모님 얼굴이 내내 어렸습니다. 이 좋은 모습을 보여드릴 수 없다는 것이 인생의 한계라는 생각도 들었고요. 그래도 큰 누님 내외를 비롯한 형제 조카들이 지켜보는 가운데 수상을 했다는 것이 얼마나 좋았는지요. 한편으론 훨씬 더 무거운 짐을 짊어지게 됐다는 생각 또한 없지 않습니다. 2014년 제4기 국민추천포상 〈대통령 표창〉에 이어 50대를 보내면서 받은 상이기에 더 값지면서도 그 몫에 부끄럼이 없어야 한다는 일념뿐입니다. 평생 가진 것 없이 살아왔는데, 지난해 이어 올해처럼 부자인 해도 없었던 것 같아 감사치 않을 수 없습니다. 늘 바쁨 속에 작지만 내 공간에서 좋아하는 음악을 들을 수 있고 이렇게 글을 쓰며 매달 독서회 회지를 편집하는 마음 또한 행복합니다. 더 많이 사랑하며 이 겨울을 보내고 싶고 더 많은 이웃에게 배움의 기회를 주고 싶습니다.

나이 듦 수업

　　　　100세 시대라는 말이 현실로 다가오면서 개인은 물론 사회 전체가 크나큰 소용돌이에 휩싸이는 것 같습니다. 비단 우리만의 문제는 아니라고 하더라도 앞으로 10년 안에 초고령사회로의 진입이 확실하다는 것은 그만큼 당면과제라는 뜻이지요. 고령사회는 젊은 세대가 부양해야 할 짐이 엄청 무거워진다는 현실적인 문제를 일으킵니다. 어떻게 나이를 먹는 것이 '존재'로서의 가치를 잃지 않으면서 나이를 먹을 수 있을까요. 노인이 사회의 짐으로 인식됐다는 것은 안타까움을 넘어 슬픈 현실이 아닐 수 없습니다. 어떻게 나이를 먹을 것인가. 사회적 해결책을 찾기에 앞서 먼저 나 스스로 개인 좌표를 찾지 않으면 안 된다는 것입니다. 품위 있고 우아하며 고상하게 나이를 먹고 싶지 않은 이가 세상에 있을까요. 가치 없는 노인으로 늙어간다는 것은 또 얼마나 안타까운 일인가요. 연명처럼 슬픈 것도 없는 법. 문제는 죽기 전까지 '해야 할 일'입니다. 모든 사람이 예술가가 될 수는 없는 법일진대 그렇다면 어떻게 나이를 먹어야 할까요. 공부가 필요한 이유입니다. 평생 할 수 있는 일을 찾는 일은 그래서 대단히 중요하다 하겠지요. 나이를 먹어도 아침에 눈을 뜬 후부터 하루에 해야 할 일이 산처럼 쌓여 있는 삶은 멋지고 아름답습니다. 그런 삶에선 언제나 향기가 나기 때문이지요. 문제는 어떻게 그런 삶의 대열에 합류할 수 있는가? 해답은 '나이 듦 공부'에 있습니다. 나는 오늘도 할 일이 많습니다. 강의를 듣고 또 그만큼 하며 책을 읽고 지식 나눔을 할 수 있다는 것이 행복합니다. 삶의 신선도를 죽기 전까지 어떻게 유지할 것인가는 모든 사람의 당면 숙제가 아닐 수 없습니다.

목표의 아름다움

목표가 있는 인생은 아름답습니다. 성공과 실패를 떠나 매진할 수 있기 때문이지요. 세상은 과정보다 결과를 중시하지만, 이과정이 없는 결과는 결코 있을 수 없습니다. 인생의 목표가 반드시 성공에만 있는 것이 아니기에 삶의 좌표인 목표는 그래서 아름답고 소중합니다. 현실적인 어려움을 극복해 가며 자신의 꿈을 실현하려 노력하는 사람들은 또 얼마나 아름다운가요. 작가 박완서는 『꼴찌에게 보내는 갈채』란 책을 쓰기도 했는데, 결과에 상관없이 인생의 전부를 걸고 매진한다는 것은 눈물겹도록 칭찬해 줄 일입니다. 아주 오래전 대학을 두 번 졸업한다는 계획을 세웠습니다. 졸업 날 꿈에도 그리던 학사모를 썼습니다. 문학사의 학위증을 가슴에 안으며 벅차오는 마음을 주체하기 어려웠지요. 다시 국문학과에 편입해 학업을 계속하고 있는 것도 다 목표의 일환입니다. 석사를 넘어 그 이상을 현실로 만들고 싶기에 오늘도 바쁜 것이지요. 결과는 아무래도 상관없습니다. 고지까지 오르지 못한다 한들 그게 무슨 상관이랴 싶지요. 내 삶의 신선도는 나이와 무관하게 배움에 있고 이것이 앞으로 가야 할 나만의 길이기에 행복의 노래를 부를 수 있습니다. 스스로 육체의 건강을 지키는 것은 가장 현명한 투자이기에 올해 목표 중의 또 하나는 조금씩이라도 운동을 시작하는 것입니다. 몸에 좋지 않은 것은 작심하면 끊고 멀리할 수 있는 것. 모든 것은 정말로 마음과 의지에 달린 것 같습니다. 그것은 순전히 의지의 소산임을 다시 확인합니다. 쓸데없다면 버려야 합니다. 고름은 결코 살이 될 수 없지요. 목표라는 새살로 올해도 신나게 새봄을 맞고 싶습니다. 세상은 내가 안은 만큼 나를 외면하지 않는다는 진리를 믿기에 더 사랑하며 앞으로만 정진하고 싶습니다. 앞으로 고고고!

사랑의 끈

『영원과 사랑의 대화』란 책으로 유명한 노 철학자 김형석 교수가 최근 『나는 아직도 누군가를 사랑하고 싶다』란 책을 펴냈습니다. 1920년생 고령인데, 놀랍습니다. 사랑 없이 사는 사람은 아무도 없고 사랑이 불필요한 사람 또한 존재할 수 없음을 압니다. 인류역사에 사랑처럼 위대한 것도 없지요. 사랑은 영원한 인류의 숙제이며 가장 아름다운 인간의 꽃이기도 하지요. 누군가를 사랑하는 마음처럼 고운 것도 없습니다. 어떤 사람은 사랑은 다 첫사랑이란 표현을 하기도 했지요. 사랑을 포기하고 사는 사람이 있을까요. 저는 없다고 생각합니다. 사랑을 포기하는 순간 내 삶을 탱탱하게 유지해주던 바람이 빠지는 것이 아닐까 싶기 때문이지요. 저는 사랑의 위대한 힘을 믿습니다. 세상에서 가장 강한 것도 사랑이지요. 그것을 부인할 사람은 아무도 없다 생각합니다. 사랑을 가슴에 품고 사는 사람은 언젠가 어떤 상황에서도 노래를 부릅니다. 그리고 생을 찬미하지요. 가슴이 날로 뜨거워지는 삶을 살았으면 좋겠습니다. 나이를 먹어도 내 사랑은 어디엔가 존재하고 있음을 믿는 것은 그래서 소중한 것으로 생각하네요. 100세를 코앞에 두신 분조차 이런 제목의 글을 쓰셨는데 내가 벌써(?) 하는 마음이 자신을 한껏 부끄럽게 합니다. 사랑의 마음을 잃지 않고 오늘을 산다는 것처럼 소중하고 중요한 것도 없음을 다시 자각하며 사랑의 불씨를 꺼지지 않게 해야겠다 다시 다짐하게 되네요. 해마다 봄이 되면 고목도 꽃을 피웁니다. 희망이 아닐 수 없지요. 아자, 아자자자!!!

생을 부끄럽게 하는 것

제목을 잡아 놓고 보니 너무 거창해서 다른 것을 쓸까 하다 그래도 한 번 써보자 싶은 마음으로 앉았네요. 살아온 생애를 가만 생각해 보면 어려서 소아마비를 앓아 휠체어를 처음 샀던 24살 전까지는 순전히 기어서만 생활했습니다. 그런 탓에 양쪽 손가락 마디가 생각보다 훨씬 굵습니다. 그 후 휠체어를 타고 10년을 살다 34살에 수술을 받고 걷게 됐지요. 비록 한쪽엔 보조기와 양쪽 목발을 짚긴 했지만, 지난 세월은 참으로 행복했습니다. 나이가 들면서 한 해가 다르게 걷는 것이 점점 어려워지고 몇 백 미터도 힘겨워하지만, 내가 지상에 발을 딛고 서서 걷는다는 것은 여전히 기적처럼 가슴을 설레게 합니다. 가만 생각하면 하루하루 어렵고 힘든 날이 아니었을 때는 단 한 순간도 없었지요. 하지만 그 와중에도 평생 책을 붙잡고 씨름하는 삶을 살아왔다는 것은 어쩜 내 육체의 부끄러움을 감추기 위한 인고의 세월이 낳은 결과인지도 모르겠습니다. 하지만 가만 생각해 보면 잃어버린 내 건강 대신에 내 몫으로 주신 하나님의 은혜였다는 생각이 들 때 감사가 절로 나오기도 합니다. 육에서 잃어버린 것을 나눔의 실천으로 회복하려 했던 지난날의 역사는 아름다움 그 자체였다고 생각하네요. 감사한 것은 지금도 할 수 있다는 것입니다. 그래서 할 수 있는데도 하지 않는 삶이 곧 생을 부끄럽게 하는 것이란 생각을 해보네요. 너무 극단적인 표현일지 모르지만, 앞으로 내가 이 세상에서 반드시 해야 할 몫使命이 무엇일까 하고 요즘도 참 많이 생각합니다. 가진 것도 없고 건강도 없으며 젊음도 이젠 없는데, 백석 시인이 "남신의주 유동 박시봉방" 이란 작품에서 "어느 사이에 나는 아내도 없고"란 표현을 했지만, 아내는 애당초 없었으니 내 삶을 부끄럽게 하는 것과의 결별을 생의 마지막 그 순간까지 잇는 삶 외엔 별다른 길이 없는 것 같습니다.

장애를 능력으로 바꾸려면

몸이 불편한 사람을 일반적으로 장애인이라고 부릅니다. 그 명칭 자체가 이미 너무 차별적인, 정상과 비정상이라는 수직적 관계로 인지하다 보니 애초부터 평등과는 거리가 먼 어원으로 자리했지요. 장애인을 가리키는 영어도 별반 다르진 않습니다. 지금은 안 쓰지만, 예전엔 Handicapped 라는 단어를 썼지요. 이것은 장애인이 모자를 두 손으로 들고 구걸하는 데서 만들어졌다고 합니다. 요즘은 흔히 Disabled라는 단어를 쓰는데 "~을 할 수 없는" 이란 뜻을 내포하고 있지요. 생각하면 참 안타까운 일입니다. 할 수 없다는 것은 곧 무능으로 연결되고 세인들은 그렇게 받아들이며 인식해온 것 또한 사실이지요. 장애Disability를 능력Ability으로 바꾸지 않는 한 장애인은 이 세상에서 평생 수혜자로 살 수밖에 없습니다. 그렇다면 어떻게 해야 할까요. 가장 시급한 것은 장애Disability라는 단어에서 맨 앞의 알파벳 'D, I, S'라는 3글자를 삶에서 떼어내야 합니다. 그것은 곧 결심Determination, 정체성Identity, 기술Skill을 갖추는 것으로 바꿀 때만 가능하지요. 장애가 있지만 할 수 있는 것 하나면 됩니다. 만약에 그것이 없다면 그것을 위해 삶 전체를 내던질 각오가 필요하지요. 그럴 때만이 할 수 없음에서 할 수 있으므로 삶이 전환되리라 생각합니다. 얼마 전 장애인의 날을 보내면서 행사성 이벤트는 이제 그만할 때가 됐고, 지금은 그들의 실질적인 삶의 질Quality of Life 향상에 올인 해야 할 때라 생각했습니다.

볼펜값 1,200원의 행복

저는 매달 볼펜 3자루를 씁니다. 거의 열흘에 한 자루씩 쓰는 셈이지요. 볼펜이 다 닳아 안 나올 때면 짜릿한 쾌감이 찾아옵니다. 벌써 다 썼구나 싶기 때문이지요. 그 기쁨이 참 큽니다. 이번 학기에도 여섯 과목 18학점을 신청했는데 아무래도 한 과목은 포기해야 할 것 같고 15학점에 매진하고 있습니다. 공부하면서 계속 밑줄을 긋거나 연습장에 메모 하다 보니 볼펜이 닳고 그것을 버리는 마음이 그렇게 좋을 수가 없다는 것이지요. 한 자루에 400원짜리 볼펜을 쓰고 있으니 한 달이면 1,200원이 들어갑니다. 그런데 이 돈을 쓰는 것이 그렇게 행복하다는 것이지요. 지금껏 그래왔는데 몇 달 전부터 교회의 장로님께서 그 볼펜을 지원해 주시고 계십니다. 세상에 공짜는 없는 법, 교회에선 매주 퀴즈를 내고 작은 선물을 하는데 이번 주엔 일 년 치 볼펜값으로 선물을 구입해 가려고 합니다. 마음을 먹고 나니 또 행복해요. 헤어졌던 엄마를 찾은 아이처럼 그렇게 마음이 좋~습니다. 이 넉넉한 마음을 '작은 행복'이라 해도 되겠다 싶어요. 내가 찾는 행복은 그리 유별나거나 큰 것이 아님에 감사하고 나눌 수 있는 마음에 또 감사가 나옵니다. 감사도 배워야 몸으로 실천할 수 있다는 것이 놀랍습니다. 하루의 삶이 감사로 시작해서 감사로 마칠 수 있는 것처럼 소중한 것이 어디에 또 있을까 싶기도 하네요. 감사한 조건들이 별로 없다고 투덜거릴 것이 아니라 찾아보면 만사가 다 감사할 조건이라는 것에 놀라곤 합니다. 다 써버린 볼펜에 행복을 담아 버리듯, 오늘 하루도 이웃과 함께 한순간만이 내 생의 최고점이란 생각 하나로 날마다 감사를 더 해가며 살고 싶습니다.

짜릿한 쾌감

　　　　출석 대체시험을 비롯한 3주간의 기말시험이 끝났습니다. 결과에 상관없이 한 한기를 마쳤다는 것이 배설(카타르시스)처럼 밀려왔고 지난 6개월 동안 여섯 권의 교재를 탐독하면서 그동안 내가 국문학에 대한 지식이 수박 겉핥기 수준에 머물고 있음을 부끄러워했습니다. 체계적인 공부의 필요성을 한껏 깨달은 한 학기였어요. 영문과를 졸업하고 다시 국문과로 편입한 상태기 때문에 우선 재미가 있었네요. 평생 문학과 함께 한 삶이었기에 낯선 것은 없었지만, 체계적인 공부의 부실은 숨길 수 없었습니다. 특히 이번 학기에 수강한 〈문학비평론〉은 처음부터 다시 배운다는 각오로 임했는데 아주 신나게 공부를 한 것 같습니다. 서가의 여러 칸을 채우고 있는 비평서와 여러 이론서가 주인을 위해 축가를 준비하고 있는 것 같은 착각이 들 정도니 늦었지만 공부하는 맛이 정말 재미납니다.

하고 싶고 배우고 싶은 것에 전념한다는 것처럼 행복한 일이 세상에 또 있으랴 싶어요. 이번 학기를 통해 한국문학의 역사는 물론이려니와 한국 근·현대문학의 좋은 작품들을 다시 읽을 기회가 됐다는 것이 얼마나 좋은지요. 덤의 행복이 아닐 수 없네요. 한 학기에 좋아하는 한 과목만 들어도 좋겠다는 생각을 내내 했습니다. 놀 틈이 없다 하릴없이 하루를 시작하는 삶보단 얼마나 좋은가 생각했습니다. 자기계발은 내적 성숙의 실현을 위함이기 때문에 결코 게을리할 수 없는 인생의 과제란 생각도 듭니다. 다음 학기엔 〈시론〉을 중심으로 더 깊이 파고들 생각만으로도 짜릿한 쾌감의 행복이 전신을 에워싸는 것 같습니다.

하루를 25시간으로 사는 법

얼마 안 되는 시간. 매우 짧은 시간을 이르는 말로 촌음寸陰이란 말이 있지요.『朱偶熹』라는 책엔 "한 치의 광음光陰도 가벼이 여기지 말라.(一村光陰 不可輕)"이란 표현이 보입니다. 선현들은 시간에 대한 숱한 어록語錄을 남겼지만, 시간을 잘 활용한다는 것처럼 어려운 것도 없는 것 같습니다. 세상에서 가장 공평한 것은 시간이 아닐까 싶어요. 모든 사람에게 하루 똑같이 24시간이 주어지니까요. 그것을 어떻게 쓰느냐는 순전히 개인에게 달려있다는 것이 시간 활용의 어려움이라 하겠습니다. 아주 오래전 루마니아 태생인 작가 게오르규는 「25시」란 작품을 썼지요. 시간을 어떻게 쓰느냐에 따라 어떤 사람은 주어진 시간을 다 쓰지도 못하는가 하면 또 어떤 사람은 24시간을 고무줄처럼 늘리고 늘려서 쓰는 사람도 있으니까요. 오늘 나에게 주어진 24시간은 신이 허락해준 가장 아름다운 선물이 아닐 수 없습니다. 근래 들어 "오늘은 선물이다.(Today is present.)"란 문장을 자주 읊조립니다. present 대신에 gift란 말을 넣어도 되겠지요. 선물 생각을 하다 보면 자연스레 떠오르는 말은 두말할 것도 없이 '감사'입니다. 선물을 받았으니 감사는 당연히 해야겠지요. 하지만 현실은 그렇지 않습니다. 당연히 해야 할 감사를 잊고 사는 날들이 너무 많다는 것이지요. 시간의 소중함을 모르는 사람이야 어디 있을까만 촌음을 아끼지 않는 사람이 바로 감사를 모르는 사람이 아닐까 싶기도 하네요. 하루를 감사로 시작하고 감사로 끝맺음해야 함을 다시 깨닫게 됩니다. 그것이 바로 오늘 주어진 선물을 25시간으로 쓰는 첩경이겠지요.

열혈 팬

한 사람의 책이 나올 때마다 사서 읽는다는 것은 열혈 팬이 아니면 불가능한 일일지 모릅니다. 읽어야 할 수많은 책이 있는 판에 어떻게 한 사람의 책을 모두 읽느냐 싶겠지만, 그럴 저자가 있다는 것이 행복합니다. 영화도 마찬가지고 음악도 그렇습니다. 한 감독의 작품을 모두 보는 것이나 한 가수의 곡을 모두 소장하는 것 등도 같은 맥락이 아닐까 싶군요. 고전음악을 좋아하는 사람들 또한 다르지 않습니다. 요즘에는 전집이 나와 있는 경우가 흔하므로 그것도 지휘자별로 구매해서 소장하고 있는 마니아들도 많다고 합니다. 좋아하면 그럴 수 있지요. 저에게는 몇몇 저자들이 그렇습니다. 지금도 끊임없이 자료를 찾고 신간이 나오면 삽니다. 읽는 것으로 만족하지 않는다는 뜻도 될 듯싶군요. 지난 몇 년 동안 그렇게 좋아하는 저자들을 찾아다닌 것 같은데 제 지인 중 한 사람은 그런

저를 '유별나다'고 하더군요. 몸도 불편하고 나이도 있는데 젊은 애들처럼 그렇게 쫓아다니느냐는 것이지요. 아무래도 좋습니다. 힐난이나 질책인들 그게 무슨 상관이겠는가요. 좋아하면 만나보고 싶고 생생한 육성 또한 듣고 싶은 것이 인지상정인 것을요. 나이를 따지지 말고 좋아하는 사람이 있다면 투자를 해도 괜찮다고 생각합니다. 저자뿐이겠나요. 유명한 사람이 아니어도 자기 삶의 지평을 넓혀준 사람이라면 분명코 찾아다닐 가치가 있다고 생각합니다.

경전을 읽는 맛

　　　　　　가장 많이 읽는 것은 물론 『성경』이지만 함석헌 할아버지의 영향으로 경전經典 읽기도 좋아하는데, 『바가바드기타』도 좋아하고 『우파니샤드』도 자주 읽습니다. 이슬람의 『코란Koran』은 접할 기회가 없어서 아직 읽어보질 못했네요. 『바가바드기타』는 잘 알려진 대로 『베다』 『우파니샤드』와 함께 힌두교의 3대 경전 중의 하나지요. 바가바드기타란 '거룩한 자'라는 뜻이라고 합니다. 『우파니샤드』는 법정 스님의 책을 읽다가 알게 된 인연으로 만나게 됐는데, 이 책은 본래 하나의 작품이 아니라 오랜 세월에 걸쳐 형성된 것으로, 지은이를 알 수 없다고 합니다. 가짓수만 해도 2백여 종류가 있다고 하니까 대단하지요. 『이샤 우파니샤드』 등 인도 최대의 철학자로 불리는 샹카라Samkara가 주석을 단 열한 가지가 가장 중요하다고 하지요. 경전을 읽을 때면 마음이 차분해지고 극히 평화스러워집니다. 성경을 읽을 때와는 또 다른 맛이지요. 성경 66권 중에서 제일 좋아하는 단 한마디(문장)를 고르라면 서슴없이 러브 이치 아더Love each other와 러브 원 어너더Love one another를 꼽고 싶습니다. '서로 사랑하라'란 뜻이지요.

심각한 멘탈 붕괴

멘탈Mental이란 신체Physical의 반대개념으로 널리 쓰이는 말입니다. '마음의', '정신의' 이런 뜻이지요. 정신 장애를 멘탈디스오더Mental disorder라고 하는데 정신병까지 갈 것도 없이 요즘은 삶과 사회에 적응하지 못하는 일반적인 사람이나 타인에게 심각한 정신적 물적 손해를 끼친 사람들에게도 흔히 쓰는 것 같습니다. 정신장애라는 것이지요. 종류만도 셀 수 없이 많습니다. 가장 쉬운 예로 손 하나 대지 않았다 하더라도 심한 언어폭력 또 한 멘탈 붕괴의 현상이라고 하지 않을 수 없지요. 우리나라에서 삶을 포기하고 자살하는 사람이 하루 평균 43명이라는 자료가 말해주듯이 멘탈이 붕괴된 상태로 오늘을 지탱하는 사람들이 너무나 많다는 데 문제의 심각성이 있습니다. 제 이웃에도 만나기만 하면 욕을 하는 분 때문에 많은 사람이 어려움을 겪고 있습니다. 남녀를 가리지 않고 시도 때도 없이 욕을 해대는 바람에 곤욕을 치르고 있는데 만나는 것이 겁나지요. 두렵기도 합니다. 그 사람의 경우는 외형적으로 그렇게 질환이 나타나지만, 더 심각한 것은 죽음을 부를 만큼 타인의 삶을 훼손시키는 사람들이지요. 전형적 멘탈붕괴 자들입니다. 생각하면 무서운 일이지요. 어느 특정한 이름만으로도 치를 떨어야 한다면 어찌 정상이라고 할 수 있을까요.

의지意志

 "모든 타락 가운데 가장 경멸해야 할 것은 자기의 의지에 의존하지 않고 타인에게 의존해 사는 것이다." 러시아의 작가 F.M.도스토예프스키의 「未成年」이라는 작품 속에 나오는 얘기입니다. H.허드슨이라는 사람은 "의지意志가 있는 곳에 길은 통한다."라고도 했지요. 얼마 전 천재지변으로 죽음의 땅이 돼버린 아이티에서 하나둘 기적의 생환 소식이 전해옵니다. 어떻게 해서든 살겠다는 의지가 얼마나 사람을 강하게 하는가를 다시금 생각하게 하네요. 의지란 '뜻' 혹은 '마음의 뜻'이란 뜻이지요. 어떤 의지를 갖고 있냐에 따라 생은 달라진다고 할 수 있습니다. 우리는 우리가 상상하는 이상으로 우리 자신의 힘 속에 자기의 운명의 열쇠를 가지고 있다 할 것입니다. "돈만이 재산이 아니다. 지식도 재산이다. 건강도 재산이다. 재능도 재산이다. 그리고 의지는 다른 어떤 재산보다도 훌

륭한 재산이다. 누구든지 굳은 의지를 가지고 있으면 마음대로 사용할 수 있기 때문이다. 쌓아 놓은 재물보다 굳은 의지에서 얻는 행복이 사람에게는 훨씬 크다." 슈와프라는 사람의 말입니다. 인생에서 가장 큰 고난은 내가 얻고자 노력하지 않는 데에 있다고 할 수 있습니다. 의지는 그만큼 중요하다고 할 수 있지요. 희망을 가로막는 장애물이 문제가 아닙니다. 의지가 없다는 것이 문제지요. 의지가 약한 것! 세상에서 가장 무서운 나의 적인지도 모르겠습니다.

괴테의 정열과 오늘 해야 할 인생의 몫

『젊은 베르테르의 슬픔』과『파우스트』를 쓴 독일의 작가 괴테(Goethe, 1749~1832)는 세계 3대 문호 중의 한 사람이지요. 파우스트는 그가 23세 때부터 쓰기 시작하여 83세로 죽기 1년 전인 1831년에야 완성된 생애의 대작이며, 세계 문학 최대걸작 중의 하나입니다. 50여 년에 걸쳐 완성했으며 괴테 작품 전체의 압권이지요. 괴테는 이 작품에서 문학, 철학, 종교, 정치, 전쟁 등 인간의 모든 운명을 아우르며 다양하고 폭넓은 세계관을 보여주고 있습니다. '세계 최고의 문학' 중의 한 권이라고 할 수 있지요. 평생 끈질기게 이렇게 작품에 매달릴 수 있었다는 것이 부럽습니다. 인생의 숙제를 하듯이 평생을 헌신할 수 있는 일이 있다는 것이 얼마나 좋은지요. 거기에다 영혼과 혼을 불어넣는 필생의 작업에는 하늘의 감동도 더해지는 것이 아닐까 싶기도 합니다. 오늘 내가 하는 일이 얼마나 소중한 일인가를 우리들은 잘 모르지요. 나의 도움의 손길이 필요한 곳에 작은 힘을 보태는 것도 지상에서 해야 할 몫使命임을 다시금 깨닫습니다. 인생과 우주에 대한 지칠 줄 모르는 정열가였던 괴테는 만년에도 세 차례의 연애를 체험했다고 전해집니다. 특히 74세의 노령으로 19세의 처녀 우를리케 폰 레베초를 사랑하게 된 얘기는 오늘날까지 회자됩니다. 사람들은 노인네의 주책쯤으로 치부해 버리지만 저는 그의 그 정열과 열정이 놀랍기만 합니다. 그 나이에도 그런 마음을 갖고 살 수 있었다는 것이 말예요. 이 사랑은 당연히 거절되었으나, 그 연모의 정이 시집『마리엔바더의 비가』(1823)에 잘 나타나 있지요. 오늘도 이런 정열로 하루를 시작하고 싶습니다.

조르주 상드

　　　　제가 클래식 음악을 좋아하게 됐던 것은 어느 날 우연히 듣게 된 쇼팽의 〈즉흥환상곡〉 때문이었습니다. 하도 강렬해서 쇼팽이라는 작곡가에 대해서 해설서를 계속 찾아 읽다 프랑스의 낭만주의 작가이며 이른바 전원소설과 숱한 연애 사건으로 유명한 '조르주 상드(Sand, George, 1804~1876)'라는 여자를 자연스레 알게 됐지요. 그녀는 쇼팽이 말다툼 끝에 자기 곁을 떠날 때까지 8년 동안 쇼팽과 동거했습니다. 상드라는 여자의 남성 편력은 가히 셀 수 없을 만큼 많더군요. 실로 대단한 여걸이었습니다. 그러나 그녀의 남성편력은 애욕 때문이 아니었지요. 상드는 애인을 차례로 바꾸며 한 남자한테서 완벽에 가까운 무엇인가를 찾아냈다고 여겨지면, 그와 여러 해 동안 동거하면서 애인이라기보다는 어머니 같은 애정으로 상대를 보살폈다고 하지요. 그녀의 작품으로는 〈렐리아〉, 〈모프라Mauprat, 1837〉, 〈스피리디옹Spiridion, 1839〉, 〈리라의 7현Les sept Cordes de la lyre, 1840〉 등 초기 작품이 있고 〈악마의 늪La Mare au diable, 1846〉, 〈사생아 프랑수아François le Champi, 1848〉, 〈어린 파데트La Petite Fadette, 1849〉 등이 있으며 자서전인 〈내 삶의 이야기Histoire de ma vie, 1854~55〉가 있지요. 그녀가 평화로운 노년을 보내고 세상을 떠났을 때, 사람들은 위대한 작가로서 그녀의 죽음을 애도했습니다. 숱한 남자를 만났어도 그녀는 성처녀聖處女입니다.

고독한 현대인

　　　　　사람에게는 누구나 속마음을 터놓고 얘기할 수 있는 사람이 따로 있습니다. 아무한테나 마음을 터놓을 순 없지요. 그런데 오늘을 사는 대부분의 사람은 자기의 문제만으로도 한껏 벅차합니다. 그렇다 보니 솔직히 타인의 얘기에 귀를 기울일 형편이 못된다고도 할 수 있지요. 내 코가 석 자인데 어떻게 다른 사람에 대해 관심을 가질 수 있겠습니까? 이렇다 보니 내 말을 들어줄 수 없다는, 어떻게 보면 아주 단순한 것 같은 이 난제 하나가 현대병의 깊고 깊은 병의 구근球根 즉 원인이 되는 것이지요. 가슴속에 쌓인 터질 듯한 얘기들을 어떻게 해야 하냐는 것이지요. 쏟지 않으면 병病이 되는 그 쌓인 것들을요. 그런 면에서 보면 마음 맞는 이웃집 아줌마 만나 실컷 수다를 떠는 것도 행복이며 치유의 한 방법이라는 생각도 해봅니다. 문제는 시간 가는 줄 모르게 수다를 떨 사람이 점점 없어져 간다는 것이군요. 반비례해서 마음 병이 그만큼 자꾸 많아진다는 뜻이 되는군요. 참으로 안타까운 일입니다. 오늘도 소주 한 잔 앞에 놓고 켜켜이 쌓인 생의 얘기 보따리를 풀 수 있다면 당신은 참 행복한 사람입니다.

불꽃처럼 화려하진 않아도

저는 제 삶을 사랑합니다. 그것도 엄청 사랑하지요. 특히 오늘을 사랑합니다. 이렇게 사는 것을 아끼고 소중히 하지요. 때로는 아쉬움도 불편함도 크지만 이만큼의 축복에 그래도 늘 감사하며 오늘을 삽니다. 저는 이미 아주 오래전 묘비명을 생각해 뒀지요. 〈여기 생을 사랑했던 청죽 강남국 잠들다〉입니다. 저는 이 말보다 더 저에게 합당한 말을 아직 찾지 못하고 있습니다. 며칠 동안 왼쪽 팔이 이유도 없이 그냥 아파 고생했네요. 집에서 틈나는 대로 핫백으로 찜질을 하며 달래줬더니 그만합니다. 그래도 좋네요. 아직도 어느 땐 내 것이 아닌 것들에 대한 진한 욕망 때문에 힘들 때가 있습니다. 어떻게 생각하면 가장 인간적인 욕망 바로 그것이지요. 그러나 그것은 여전히 내 것이 아닌 타인의 것이기에 그 마음을 곧바로 내려놓곤 하지요. 무소유의 경지까지는 아니더라도 내 것이 아닌 것에 마음을 거둘 만큼의 나이를 먹은 것 같습니다. 무한 경쟁 속에서 타인과 비교를 한다는 것은 온당하지도 합당하지도 않습니다. 다만 저는 저의 길을 갈 뿐이거든요. 이 생각하나가 저에겐 오늘 평안의 안식과 잠을 안겨주는 보약이 되곤 합니다. 저에게는 가장 소중한 '사유의 법칙'이면서 '남국이 법칙'이기도 하지요. 남과 비교하는 것처럼 슬픈 것은 없지요. 인간이란 본시 끝이 없는 욕망을 안고 태어나기 때문입니다. 화려하진 않아도 오늘도 열심히 부딪친 하루가 정말 평안하고 좋습니다.

읽고 싶은 책을 사는 행복

내 정신의 텃밭을 가꾸기 위한 지출로 매달 수입의 10분의 1은 읽고 싶은 책을 사는 것인데 혼자 살아도 그것이 잘 지켜지지 않습니다. 낭비하는 마누라나 자식이 있는 것도 아니고 자녀 학비에 허리가 휘는 가장도 아니면서 그게 어렵습니다. 그래도 1년에 절반쯤은 나와의 그 약속을 지키는 편인데 그중 네 번은 확실히 꼭 약속을 지킵니다. 그것은 다름 아닌 내 강의를 듣는 수강생들이 특별 보너스를 주기 때문이지요. 두 번의 명절 때와 스승의 날 그리고 내 생일이 낀 달이 그때입니다. 이렇게 1년 중 네 번은 반드시 약속을 지킵니다. 읽을 책이 머리맡에 있다는 것처럼 행복한 일이 세상에 또 있을까요. 어부가 만선을 했을 때 만큼이라고 해야 할까 싶습니다. 나에겐 그 이상이 아닐까 싶어요. 언제나 그렇지만 읽어주기를 기다리는 책이 있는 한 내 공간은 외로울 틈이 없습니다. 아이들의 웃음소리나 사랑하는 아내와 함께 재미난 연속극을 보는 행복은 아닐지라도 나름으로 행복의 노래를 부릅니다. 구입한 책을 읽는 것은 맛난 음식을 먹는 것과 다르지 않지요. 독서는 마음 밭을 채우는 영의 거름 이상이니까요. 좋은 책은 좋은 벗이기에 외롭지 않습니다. 솔직히 고독하다거나 외롭다거나 할 틈도 짬도 없다는 것이 행복의 노래를 부를 수 있는 원천인 것 같아요. 편안히 앉아 영화나 드라마 한 번 못 보는 삶이지만, 결코 후회는 없습니다. 이번 달에 구입한 일곱 권의 책 중 다섯 권을 읽고 서너 권 짧게라도 〈여시아독-나는 이렇게 읽었다〉 원고를 씁니다. 이 역시 이달에 맛보는 짤짤한 행복이 아닐 수 없네요. 글쓰기의 어려움. 숱한 세월 이런저런 글을 써 왔지만, 단 한 번도 글을 쓰는 것이 쉽다고 생각해 본 적은 없습니다. 글을 쓴다는 것은 그만큼 어렵다는 뜻이 될 것이지요. 특히 요즘은 SNS의 발달로 누구나 글을 쓰는 시대지만 그렇다고 아무나 좋은 글을 쓸 수 있는 것은 아닙니다. 글의 좋고 나쁨을 떠나 글은 공장에서 벽돌 찍어내듯 그렇게 만들어지는 것이 아니니까요. 그렇기에 글을 쓴다는 것은 늘 어렵고 힘듭니다. 더구나 좋은 글을 쓴다는 것은 더더욱 어렵지요. 어떻게 해야 좋은 글을 쓸 수 있을까 하고 고민도 해보지만, 그 생각 자체가 나에겐 또한 과한 욕심이란 것을 늘 깨닫습니다. 내가 좋은 글을 쓸 수 있다면 뭣이 부족하랴 싶지요. 함에도 매달 글을 쓰는 것은 이렇게 쓴다는 것 자체가 행복하기 때문입니다. 또 하나는 글을 쓰는 것은 고통만 따르는 것은 아니기에 작지만 성취의 기쁨도 그만큼 덤으로 안겨주는 것 같습니다. 그렇지만 내 글을 누군가가 읽는다 생각하면 언제나 두렵고 떨리는 마음은 어쩌지 못합니다. 과연 내가 쓰는 글이 읽은 이의 가슴에 얼 만큼의 값어치를 할 수 있을까 생각하면 숨고만 싶어집니다. 함에도 내 글이 치부의 속살만이라면 쓸 수 없겠지요. 치부는 밖으로 드러내는 것이 아니고 감춰야 하기 때문입니다. 그런데도 글을 쓰는 것은 존재감 때문이라고 한다면 너무 지나친 표현이 될까요. 내 글이 누군가의 마음 밭에 단 한 줄이라도 펄펄 살아있길 바란다면 이 또한 지나친 욕심일까요. 좋은 삶을 살지 않으면 좋은 글은 절대 쓸 수 없다는 철학으로 오늘도 그 길을 모색하며 내 사유의 언저리의 거름을 듬뿍 주는 마음으로 하루를 맞고 보냅니다. 정신의 고갈은 아무짝에도 쓸모없는 글만 쓰게 될 테니까요!!!

피할 수 없다면

세상은 내가 좋아하는 일만 하며 살 수는 없습니다. 처한 상황에 따라서는 어쩔 수 없이 해야만 하는 일들도 많지요. 하기 싫은 일을 하지 않고 내가 원한다고 하고 싶은 일만을 찾다 보면 굶어 죽기 십상입니다. 내 능력의 문제도 있겠지만, 같은 입장의 사람이 차고 넘치는 시대이기 때문에 나를 필요로 하는 곳이 그만큼 적다고도 할 수 있지요. 그렇다 보니 어차피 선의든 악의든 경영은 피할 수 없는 현대사회입니다. 운전을 하다 보면 길이 많이 막힐 때가 있지요. 아무리 짜증을 내고 갖은 불만을 터트려도 그로 인해 막혔던 길이 뚫리진 않습니다. 그럴 때마다 저는 그 '정체'를 즐기려고 노력하지요. 물론 쉽지는 않습니다. 그렇지만 그게 정신 건강에 훨씬 좋고 스트레스를 그만큼 덜 받더라고요. "피할 수 없으면 즐기는 느긋함"을 오늘 내 삶에 적용할 수 있었으면 좋겠습니다.

제5부
단순한 삶

서평쓰기의 즐거움

아주 오래전부터 책을 읽고 나면 꼭 독후감인 서평書評을 쓰기 시작했습니다. 솔직히 서평이라고 하기엔 부끄럽지만 읽은 소감을 쓰는 것이지요. 오늘도 이달에 읽은 책들의 서평을 쓰면서 좀 더 깊이 있는 책 읽기를 하지 못한 부끄러움이 여전히 앞섭니다. 전문 서평꾼이 아니니 흠이 많은 것이야 당연하겠지만, 그래도 블로그나 카페에서 제 글을 읽으시는 분들에게 한편 미안한 마음도 듭니다. 내가 읽었던 좋은 책들이 다른 사람에게도 계속 읽혀졌으면 하는 바람이 항상 있지요. 그 마음 때문에 어쩌면 서평을 쓰는지도 모르겠습니다. 좋은 책은 나눌수록 더 빛이 난다고 할 수 있지요. 저는 대개 책을 산 후 그냥 쌓아놓고 다 읽으면 책장으로 옮겨 꽂아놓습니다만, 어떤 책은 다 읽었어도 꽂아놓고 싶지 않을 때가 있습니다. 좋은 책을 만났을 때지요. 그 맛이 정말 짭짤합니다. 예년에 없던 혹한이지만, 긴 겨울밤 책을 읽는 맛은 천상의 꿀맛 그 이상입니다.

마음 밭

'풍요'라는 말을 떠올리면 사람들은 우선 물질을 생각하는 것 같습니다. 소유한 것이 많으면 그만큼 풍요롭게 사는 것으로 생각하는 것이지요. 그렇지만 정말 그럴까요? 외형적으로는 그럴지 모르겠습니다만 중요한 것은 정신의 풍요, 즉 마음의 넉넉함이라고 생각합니다. 아무리 돈이 많아도 그 사람에게서 인간 냄새가 나지 않는다면 그만의 부자가 아닐까요. 물질의 시대에 소유는 필요한 것이고 중요하지만 정신의 풍요를 위한 준비가 안 돼 있고 그렇게 살지 못한다면 그것 또한 아픈 일이 아닐 수 없습니다. 소유한 것이 든든할 수는 있겠지만, 절대의 행복은 아니라는 것이지요. 단순한 삶을 살고 싶다는 욕망이 늘 있습니다. 제가 추구하는 단순함이란 아무리 물질이 넘쳐도 마음이 넉넉하지 않으면 늘 쪼들리고 궁핍하다는 것에 착안합니다. 어디에 마음을 두고 어디에 시간을 내야 하는

지를 분별하는 혜안으로만 오늘도 살고 싶은 거지요. 명절이 코앞이라 문자 한 통 마음을 전하고 싶은 지인들을 꼽아보며 행복해합니다. 작은 것이지만 나눌 마음 밭이 있다는 것에 감사하면서요.

식구食口

저는 식구라는 말이 그렇게 좋을 수가 없습니다. '한집에서 같이 살며 끼니를 함께 하는 사람. 식솔食率'이란 사전적인 풀이 말고도 식구라는 말은 그 말만으로도 정감이 가고 훈훈한 느낌이 들어서 여간 좋습니다. 사람이 친해지고 가까워지는 방법 중의 제 일은 밥을 같이 먹는 것이라고들 하지요. 백번 옳습니다. 한집에서 산다고 하는 것은 밥을 같이 먹는다는 뜻인데 그 깊이는 얼마쯤일까 생각해 봅니다. 식구와 가족이란 말은 같은 뜻으로 썼을 텐데 요즘에는 가족의 범위가 점점 축소되고 있다는 씁쓸한 보도가 있었습니다. 홀로 사는 사람들이 점점 늘어나는 추세이다 보니 가족 혹은 식구의 개념도 시대와 함께 변하는 것 같아요. 할아버지 할머니가 가족이 아니라는 말엔 어리둥절하기까지 했고, 장인 장모도 역시 가족이라고 생각하지 않는다고 하더군요. 가족이라는 말이 부부와 자녀에 한정되고 있다는 것을 단적으로 보여주고 있다고 생각됩니다. 예전 저 어릴 때만 해도 이불이 귀해선지 한 방에서 형제 여럿이서 함께 덮고 잤었지요. 그런데 요즘에는 각방을 쓰는 것은 물론이려니와 한방에서 자도 제각기 따로 덮고 잡니다. 이렇다 보니 식구의 개념이 점점 얕아지고 정과 사랑도 그 두께가 세월과 함께 퇴색하는 것은 아닌가 싶어 아쉽기만 하네요.

기타 줄을 다시 맞추며

넋을 놓고 TV를 봤던 기억이 언제인가 싶습니다. 좀처럼 그런 시간이 없었던 것 같네요. 나이를 먹으면서 이리저리 치인 영혼이 무뎌진 탓도 있을 테지만 어떻게 생각해 보면 산다는 것에 너무 얽매인 탓도 있겠다 싶습니다. 그만큼 하루하루의 삶이 여유롭지 못하다는 뜻도 되겠지요. 끊임없이 솟구치기만 하는 세상의 욕망 또한 잔잔한 평화와 행복을 앗아가는 원흉이기도 합니다. 짧짤한 삶의 맛을 다 깨닫고 느끼기도 전에 세상의 흐름時流에 혼을 빼앗기고 사는 경우가 그만큼 많다는 것이겠지요. 모처럼 정말 넋을 놓고 TV를 봤습니다. 제가 옛 세시봉의 멤버들의 노래를 좋아하는 줄 알고 지인 한 분이 문자를 보내 왔어요. 시간 맞춰 보라고요. 못 봤으면 정말 서운할 뻔 했습니다. 지난 70년대 초반인가요. 대략 40년도 더 전이군요. 김세환, 송창식, 윤형주, 조영남, 이장희 양희은 등등한 시대를 풍미했던 그들과 동시대를 살고 있다는 것이 얼마나 행복한 일인가를 다시 느꼈네요. 흐른 세월에 아련함과 모두 기억나는 노래들이 참으로 감동적이었습니다. 기타 줄을 다시 맞추고 그 시절의 노래를 맘껏 불러보고 싶습니다. 그리고 정말 아름답게 나이를 들고 싶다는 욕심도 성욕처럼 사그라지지 않네요.

한국인

　　이규태(李奎泰, 1933~2006)의 『한국인의 의식구조』라는 책에 보면 다양한 한국인의 정의는 물론 습성과 풍습에 대한 전반적인 얘기가 자세히 나와 있습니다. 한국인에 대한 그만한 통찰력도 쉽지 않다 싶지요. 지금도 기억나는 것 중의 하나는 한국인은 정情이 많고 한恨이 많다는 것이지요. 그런데 외국인들에게 정情과 한恨을 제대로 설명하기란 대단히 어렵습니다. 한민족의 전반적인 이해 없이는 거의 설명이 불가능하지요. 명절을 보내다 보면 한국인의 의식구조 속에 무엇이 들어 있길래 설이나 추석이 되면 전국의 도로가 밀리고 막히는 것을 뻔히 알면서도 그렇게 몇천만 명이 대이동의 역사를 되풀이 할까요. 정情이 많은 민족이어설까요 아님 부모·형제를 외국에 비해 남달리 사랑해서일까요? 그것도 아니라면 고향을 아끼고 사랑하는 마음 때문일까요? 여기엔 정말 복잡한 한국인만의 특성과 우리만의 정서情緒 혹은 문화文化때문이 아닌가 싶습니다. 세상과의 부대낌이 심하면 심할수록 젖 품 같은 고향과 내 존재를 있게 한 부모·형제를 더욱 간절히 그리며 사랑하기 때문일 거라는 생각을 내내 해봅니다.

한국교회와 장애인

"한국 교회에 설교는 차고 넘친다. 그러나 홍수에 마실 물 없다고 정작 살아있는 말씀은 드물다." "성서 해석은 없고 말씀을 상품처럼 포장하는 기술자만 넘친다." 정용섭 목사의 책 『설교란 무엇인가』에 나오는 질타 중 일부입니다. 설교에 대한 신학적인 반성인 이 책은 따끔하군요. 오늘날 한국교회가 안고 있는 숱한 문제 중의 핵심은 과연 무엇일까요. 저도 오랫동안 신앙생활을 해왔습니다만, 솔직히 큰 매너리즘에 빠져 허우적거리고 있었거든요. '이건 아니다.'가 너무 많다는 것입니다. 『속 빈 설교 꽉찬 설교』란 책을 먼저 읽었었기에 저자의 이름을 기억하고 있었습니다. 그는 성서와 하나님의 본질을 놓치는 설교가 범람하는 한국교회의 아픈 부위를 건드립니다. 그가 생각하는 대안은 과연 무엇일까요? 저 또한 30년 넘게 불편한 몸으로 신앙생활을 하면서도 오랫동안 '영적 골다

공증'에 걸려 있었습니다. 좀처럼 치유가 안 됐었지요. 특히 한국교회와 장애인의 문제에 봉착하면 '신앙인'이라는 이름이 부끄러워 꼭꼭 숨고만 싶어질 때가 한두 번이 아니었습니다. 장애인들이 아직도 설 자리가 없는 한국교회의 참담한 현실 앞에 때론 절망합니다. 교회에서조차 여전히 가진 자와 그렇지 못한 자, 장애인과 비장애인의 엄격한 차이가 존재하고 많이 배우고 지체 높은 사람들만 갈 수 있는 곳이라면 예수님 당신이 만났던 사람들이 어떤 지체의 신분들이었는지 다시 한번 되묻고 싶어집니다.

배려

관심을 가지고 이리저리 마음을 쓰고 염려해 주는 것을 배려配慮라고 하지요. 배려는 인간관계의 첩경입니다. 행복의 열쇠이기도 하지요. 배려는 본시 그렇게 요란하지도 않고 화려하지도 않습니다. 아주 작은 것이 아름다운 배려가 되어 사람과 사람 사이의 관계를 활짝 꽃피우는 경우를 우리는 숱하게 봅니다. 배려는 나만 생각하는 자기중심적인 이기심의 반대개념이라고 해도 틀리지 않습니다. 남을 배려하는 마음은 더불어 살아가는 세상에서 어떻게 생각하면 제일 소중한 인간의 덕목이 되지 않을까 싶기도 합니다. 손익으로만 줄달음치는 세상에서 남을 위한 배려는 점점 더 줄어들고 극단의 이기가 몸과 마음을 에워싼 시대에 일견 손해가 아닐까 싶기도 합니다. 그렇지만 절대 그렇지 않지요. 배려는 가장 아름답고 고귀한 인간의 참된 모습 중의 하나입니다. 배려는 사랑과 같지요. 어감이 다를 뿐입니다. 관심이란 곧 사랑이기 때문이지요. 사랑이 있다는 것은 관심이 있다는 것이고 배려 또한 다르지 않다고 생각합니다. 작지만 나이를 먹어도 쉰 세대(기성)에 머물지 않고 신세대로 살아갈 수 있는 것은 사람과 세상에 대한 나의 배려뿐이라고 생각합니다. 배려는 세상을 아름답게 합니다.

파이돈

플라톤(Platon, BC 427~347)의 저작 중에서 파이돈 『Phaidon-천병희 역』은 소크라테스가 생애의 마지막 몇 시간 동안 친구들과 어떤 대화를 나누다가 어떻게 독약을 마시고 죽었는지를 들려줍니다. 소크라테스가 독배를 마시던 날의 대화록이라고 할 수 있지요. 상기론과 이데아론 등이 이 대화편의 핵심 내용을 이룹니다. 이 책엔 소크라테스가 태연하고 침착하게 독배를 받아 마시고 죽는 감동적인 장면으로 끝납니다. 몸은 필멸이지만 혼은 불멸이라는 혼 불멸론과, 배움이란 전생에 알고 있던 것을 상기하는 것이라는 상기론, 예컨대 특정 사물이 아름다운 까닭은 그것이 아름다움의 이데아에 관여하기 때문이라는 이데아론이 아주 흥미롭습니다. 독배를 마시고 죽어야 했던 그 날 아침 그의 마지막을 배웅하기 위해 모인 제자들 앞에서 사슬이 풀려 시원해진 발목을 응시하며 이야기를 꺼냅니다.

"쾌락이란 이상한 거야. 고통과 대립하는 것일 텐데, 고통이 지나간 자리에서 쾌감이 생기는구먼."

"잠자는 것이 깨어 있는 것의 반대인 것처럼 살아있는 것의 반대는 없을까?"

"죽음입니다."

모든 것이 공존하기에 세상은 돌아갑니다. 살았기 때문에 죽는 것이고 죽음은 삶으로부터 옵니다. 더위와 씨름하며 읽는 『파이돈Phaidon』은 아름다운 최후를 생각하게 합니다. 독배 앞에서도 고귀한 최후만큼이나.

역발상

헨리 워즈워스 롱펠로 (Henry Wadsworth Longfellow, 1807~1882)는 미국의 낭만파 시인입니다. 「인생찬가」나 「에반젤린」 등의 시로 잘 알려져 있으며, 단테의 신곡을 미국에서 처음 번역했던 인물이기도 하지요. 그는 백발이 될 때까지 열정적으로 시를 쓰며 활기찬 노년을 보낸 것으로 유명합니다. 그는 그 비결을 묻는 친구에게 "정원에 서 있는 나무를 보게. 이제는 늙은 나무지. 그러나 여전히 꽃을 피우고 열매도 맺고 있지 않은가. 그것은 저 나무가 지금도 매일 조금이라도 쉬지 않고 성장하고 있기 때문이야. 나도 그렇다네." 세상을 어떻게 보느냐에 따라 인생이 이렇게 달라지네요. 참 멋진 견해와 안목이 아닐 수 없습니다. 자신의 나이에 기죽은 사람들이 많습니다. 우리는 흔히 나이를 먹고 늙어간다고 생각하지만, 시인은 역으로 발상의 전환을 했군요. 생각하나만, 바꾸면 현실의 지옥도 천국으로 바뀝니다. 늙어서도 여전히 성장하고 있다는 노시인의 음성이 막 들리는 듯합니다. 나무에 나이테가 있듯 한해 한해 먹는 나이도 그렇게 살아온 역사의 멋진 기록이 됐으면 좋겠습니다.

자기 되돌아보기

　　　　자기를 안다는 것처럼 어렵고 힘든 것도 없습니다. 살아온 날 돌이켜 생각해 보면 치부 같은 부끄러운 언행이 참으로 많았다는 것을 깨닫습니다. 그때 내가 왜 그랬을까 하고 자성과 반성을 해보지만 이미 때는 늦었지요. 후회해도 아무 소용이 없습니다. 그대로 내 허물로 남아 지워지지 않는 화인火印입니다. 흔적을 보면 언제나 그 상황이 떠오르는 불에 덴 자국처럼 아릿한 아픔을 주지요. 씻을 수 없는 치욕의 A자 같은 허물도 없지 않습니다. 그런 면에서 '자기 되돌아보기Self-Reflection'는 대단히 중요합니다. 뭣이 잘못됐었던 가를 자로 잰 듯이 기억나게 하고 반성하게 하니까요. 반성할 줄 모르는 사람은 안하무인의 주인공이 될 수밖에 없지요. 주변에서도 보면 그런 사람을 종종 봅니다. 자기 되돌아보기는 반성의 시간이면서 성숙으로 가는 첩경입니다. 스승이며 반면교사 및 조언자가 되기도 하지요. 내가 이 세상에 태어나 무엇을 잘했고 무엇을 잘못했는지 한 번쯤 생각해 보는 것도 참된 자기와 만나는 의미 있는 여정이 되지 않을까 생각해 봅니다.

편애

편애偏愛란 어느 한 사람이나 한쪽만을 치우치게 사랑함을 이르는 말이지요. 부모 중에도 혹은 성경 속 인물 중에도 이런 경우가 종종 없지 않습니다. 자식이라고 해도 더욱 애착이 가는 경우가 드물지 않겠지만, 특별히 장애가 있는 자식을 둔 부모는 더욱 신중해야 하지 않을까 싶습니다. 장애가 심한 지인 중의 한 명은 동생 넷이 결혼할 때 한 번도 결혼식장에 가보질 못했다고 합니다. 그 얘길 들으면서 그의 어머니가 좀 더 현명해야 했지 않았을까 생각했네요. 형제는 물론 친인척의 애경사에 장애가 있다는 이유로 너는 그냥 집에 있으라는 것은 옳지 않습니다. 똑같이 동등하게 대해야지요. 끼워줘야 합니다. 다른 자식들한테도 '저 애가 못가면 나도 안 간다.'란 최후통첩을 할 수 있는 부모여야 한다고 생각합니다. 그래야 당신들이 다 돌아가신 후에도 형제애에 금이 가지 않고 외톨이가 되지 않지요. 속된 표현으로 돌림빵을 당하지 않는다는 뜻입니다. 부모로부터 홀대받은 장애인은 형제나 친인척들 모임에 낄 자리가 없습니다. 안타까운 일이지요. 부모는 장애 형제를 물 위로 끄집어내어 건강한 자식들과 똑같이 대해야 합니다. 편애는 제일 무서운 결과를 낳고 장애 자식은 결국 떠도는 섬처럼 그렇게 외롭게 살 수밖에 없지요.

상상도 못 한 상賞

지식 나눔 봉사를 시작한 지 스무 해째였던 지난 2013년 가을, "학교 한번 못 가본 장애 섬소년… 영어 독학해 自立하고 과외 봉사까지"란 제목으로 한 일간지에 제 기사가 생각보다 훨씬 크게 났었습니다. 장애를 입고 살아온 생애와 이웃에 봉사하기까지의 전 과정을 담은 그런 기사였지요. 그 기사의 영향은 컸습니다. 그로부터 1년 후 무슨 상인지도 모른 체 정말 혹독한(?) 심사과정이 거의 반년 동안 진행됐을 때, 전에 서울시장 표창은 두 번을 받았던 터라 이번에 장관상이라도 하나 주려나 했었는데, 결과는 2014년 제4기 국민추천 포상 "대통령 표창"이었습니다. 맨 먼저 소식을 전할 길 없는 부모님 생각이 났지요. 그리고 감사의 기도가 나왔습니다. 우선 형제들과 친인척들에게 소식을 전하며 그동안 살아온 생애가 잘 살았다는 평범한 진리를 새삼 깨닫게 했지요. 무슨 상을 바라고 나눔을 시작한 것은 결코 아니었지만, 세상은 공짜가 없다는 듯, 이렇게 큰 상으로 보답을 해줬으니까요. 청와대에서 대통령으로부터 직접 수상한 표창장을 한동안 바라보며 앞으로 이 상에 부끄럽지 않은 남은 생을 살겠노라 다짐했습니다.

장애 형제

　　　　장애障碍는 누구나 세상에서 제일 피하고 싶은 것 중의 하나입니다. 원해서 몸이 불편한 사람은 없지요. 하지만 현대는 안타깝게도 특히 모든 사람이 장애인이 될 수 있습니다. 그 가능성에서 벗어나 사는 사람은 아무도 없지요. 특히나 오늘처럼 문명이 발달한 사회에서는 더욱 그러합니다. 한 통계에 의하면 전체 국민의 약 10%가 장애인이라고 하지요. 엄청난 숫자입니다. 그런데도 그들은 평등의 대열에 합류하지 못하고 아직도 사회의 이방인으로 사는 경우가 너무 많습니다. 평등한 인격을 소유한 인간임에도 사회적인 잣대의 희생물로 대부분 수혜의 대상자로 살아가고 있다는 것이 슬픈 현실이 아닐 수 없지요. 형제 중에 장애인이 있는 경우는 어떨까요. 그것은 피하려고 한다고 피해질 수 있는 것도 아니지요. 그렇다면 어떻게 해야 할까요. 받아들여야 합니다. 그리고 결코 부끄러워해서는 안 됩니다. 그런 사람이 없으면 얼마나 좋겠습니까 만 운명인 것을 어떻게 하겠습니까. 그렇다면 어떻게 장애 형제를 대해야 할까요. 역시 최상은 동등同等입니다. 똑같다는 것이지요. 차별은 있을 수 없습니다. 가장 낮은 차원의 사상이 만들어내는 것이 바로 그 어쭙잖은 차별의식입니다. 장애는 몸이 좀 불편할 뿐입니다. 그래서 산다는 것 자체가 힘겹고 어렵습니다. 그러나 부끄러운 것은 결코 아닙니다. 당신의 의식 속에 아직도 장애 형제가 부끄러운 존재로 남아있다면 당신의 의식이 부끄럽다는 것을 이제는 알고 그 마음을 바꿔야 할 때입니다.

잘 산다는 것-2

잘 살고 싶은 것은 모든 사람의 꿈이자 소망일 겁니다. 그 잘산다는 것의 실체를 정확히 모른다 할지라도 그런 욕망은 누구나 갖고 살지요. 잘 산다는 것의 척도는 역시 같을 수 없습니다. 어떤 사람은 부富가 해답이 될 것이고 또 어떤 사람에겐 높은 지위나 학식도 될 수 있고 유명한 사람일 수도 있지요. 하지만 나의 경우는 아주 달랐습니다. 사춘기가 되면서 남과 다른 자식을 둔 어머니의 아픈 상처와 삶을 헤아리기 시작하면서 어머니께 진 빚을 갚기 위한 해답 찾기는 시작됐다고 할 수 있지요. 생각해 보니 애당초 나는 돈을 많이 벌 수도 없음은 물론이려니와 할 수 있는 것조차 거의 없는 그 무용의 현실이었습니다. 하지만 이미 답은 나와 있었지요. 내가 잘살아야만 한다는 것, 그것 외엔 아무런 대안 또는 길이 없었습니다. 걷지도 못하는 상황에서 어떻게 사는 것이 잘사는 길이었을까요. 누구도 내 삶의 좌표를 제시해 주는 분 또한 없었습니다. 먹고 살려면 기술이라도 배워야 한다는 말은 많이 들었지만, 그 길을 제시해 주는 분 또한 단 한 사람도 없었으니까요. 그런데도 그냥 막연히 잘 산다는 것의 의미와 길을 지금껏 모색하며 걸어온 삶의 여정을 되돌아보며 그 시절에 꿈 덩이의 해답을 요즘 참 많이 감사해 합니다. 기특하기도 하고요. 어떻게 그 어린 나이에 그런 멋진 삶의 명제를 심고 가꿨을까 싶어지기도 합니다. 며칠 전 아직은 발표할 수 없는 좋은 소식이 있었습니다. 50대를 마무리하는 이 가을에 큰 기쁨으로 찾아와 준 선물입니다. 청죽너, 지금껏 정말 잘 살았다는 칭찬에 행복해합니다.

술

술은 천의 얼굴을 가졌습니다. 좋은 것이기도 하지만 세상에서 제일 나쁜 것이기도 하지요. 술 그 자체야 물론 선도 악도 아니겠지만 문제는 마시는 사람입니다. 적당히 한두 잔 하고 끝내면 좋은데 술이란 참으로 묘한 것이어서 마시다 보면 계속 마시게 되는 경우가 많지요. 그러면 평소와는 다른 언행이 나오게 되고 그것은 곧바로 실수로 연결되는 예가 많습니다. 술에 취하면 하지 않아도 될 말을 필요 이상으로 하게 되고 그렇게 되면 주변 사람들에게 극심한 마음의 상처를 주기도 합니다. 숙취로 고생하는 것이야 시간이 지나면 없어지지만, 실언失言은 어찌하지 못하지요. 아무리 다부진 각오를 했다 하더라도 술을 마시는 한은 그게 잘 이뤄지지 않습니다. 술을 마시고 운전대를 잡는 사람들의 소식을 들을라 치면 의지가 약한 탓이라고 해버리기엔 너무 혹독한 결과를 가져오기도 하기에 안타까울 때가 많지요. 삶엔 후회해도 소용없는 경우가 너무 많습니다. 사고가 난 후에는 자책의 질타를 아무리 해도 이미 때는 늦지요. 술에 장사도 없지만 자유로운 사람은 정말 도인뿐입니다.

큰 누님

저는 칠 남매 중 다섯째입니다. 누님 두 분, 형님 두 분 그리고 동생이 둘이지요. 누님은 포천에 사시는데 5남매를 두셨고, 농사와 너른 텃밭을 가꾸십니다. 어머니께서 대장암 판정을 받으신 후 유언을 위해 칠남매가 모였을 때, 어머닌 큰딸에게 "이제 동생들한테 그만해라. 그동안 할 만큼 했다. 너도 나이도 있는데 몸 챙기고 해야지 그렇게 손이 터지도록 일을 해서 동생들 먹거리를 대줬는데 인제 그만 해라"라고 유언을 하셨지요. 우리는 모두 숙연히 그 말씀을 들었습니다. 누님은 자식은 물론이고 동생들 주는 재미로 밭일을 하신다는 말씀을 오래전부터 하셨지요. 저만해도 매년 누님 댁에서 김장을 해오고 있으니까요. 누님은 수십 년째 그렇게 때를 따라 씨를 뿌리고 정성 다해 가꿔서 저 외에도 모든 동생에게 아낌없이 나눠주고 계시지요. 우리는 번번이 보답도 못 하지만, 누님의 그 깊은 사랑으로 살지요. 유난히 꽃을 좋아하시는 누님의 고운 품성을 똑 닮은 큰조카는 지금은 어엿한 수필가로 활동 중이지요. 누님은 인간 삶의 덕목 중 첫째도 둘째도 동기간의 우애와 사랑이라 하십니다. 세상의 뭣과도 바꿀 수 없는 가장 소중하고 귀한 것은 '동기간이 화목하게 사는 것'이라는 큰 누님을 오늘도 사랑하고 존경합니다.

광화문 글판

'광화문 글판'이 세계에 내놓고 자랑할 만한 우리의 문화로 자리매김하고 있습니다. 홍국생명 빌딩 앞에 미국 미술가 조나단 보로프스키의 거대한 작품 '망치질하는 사람'이 설치됐었지요. 얼마 전부터는 '내가 반 웃고 당신이 반 웃고 아기 낳으면 마음을 환히 적시리라 – 장석남의 시 「그리운 시냇가」라는 구절이 적혀 있습니다. 광화문 교보빌딩 건물에 내걸리는 이 글 판이 만들어진 지 20년이 넘었다고 하네요. 처음엔 기업의 홍보물 비슷한 글귀가 많았는데 지금은 시민들에게 위안을 주는 글귀로 일 년에 네 번 바뀐다고 합니다. '떠나라 낯선 곳으로 그대 하루하루의 낡은 반복으로부터' – 고은 시인의 시 「낯선 곳」. '착한 당신 피곤해도 잊지 말아요 아득하게 멀리서 오는 바람의 말을' – 마종기의 시 「바람의 말」. '기다리지 않아도 오고 기다림마저 잃었을 때에도 너는 온다 더디게 더

디게 마침내 올 것이 온다' – 이성부의 시 「봄」. '흔들리지 않고 피는 꽃이 어디 있으랴' – 도종환의 시 「흔들리며 피는 꽃」. '대추가 저절로 붉어질 리는 없다. 저 안에 태풍 몇 개, 천둥 몇 개, 벼락 몇 개' – 장석주의 시 「대추 한 알」 이 작품을 읽은 주부들은 '남편 얼굴이 저절로 붉어질 리는 없다. 저 안에 소주 몇 개, 삼겹살 몇 개, 맥주 몇 개, 라고 멋진 패러디를 하기도 했다고 해요. 참으로 행복한 문화행위입니다. 몸과 마음이 지쳤을 때 이렇게 좋은 시구를 읽으며 사람들은 위안을 삼지요.

자기관리

독창성을 잃는다는 것이 무섭습니다. 할 일이 없는 사람들이 빠지기 쉬운 병病이지요. 우선 할 일이 없어지면 시간관념이 사라집니다. 아침을 거르는 예는 허다하고 점심 겸 아침을 해결하는 '아점'이 똬리를 틀게 되지요. 저녁은 대개 폭식으로 연결되는 경우가 많습니다. 시간에 제약을 받지 않는다는 것이 얼마나 무서운 것인가를 깨닫기는 좀처럼 어렵습니다. 우리가 흔히 말하는 매너리즘Mannerism에 빠졌다는 것이 생각보다 훨씬 심각한 병이라는 것이지요. 누군가의 질타叱咤가 그래서 필요한 것인지도 모르겠습니다. 아내의 잔소리를 들어야만 정상적인 가정을 유지할 수 있다는 얘기가 헛소리가 아닙니다. 엄마의 잔소리를 듣고 자란 자녀와 그렇지 않은 자녀는 절대 같지 않습니다. 다 그렇지는 않겠지만, 시어머니의 잔소리를 들어본 며느리만이 진정한 몫을 다 할 수 있다는 얘기도 있지요. 사람은 생각보다 훨씬 더 불안전합니다. 나이를 먹었다고 다 어른이 아니라는 얘기지요. 이번 설에 연휴가 길다 보니 삶이 한껏 느슨해 졌습니다. 단 며칠 동안이지만 정신이 훨씬 해이해진 것을 느끼게 되네요. 그래서 일상日常의 중요성, 혹은 존재한다는 것이 그렇게 좋습니다. 법정 스님 생각이 나네요. 혼자 살면서도 철저히 새벽 3시 예불부터 감당하셨던 그분의 '자기관리'가 아무나 할 수 있는 것은 아니었다는 것이지요. 참 대단하신 분이셨습니다.

아버지의 노래

지난 1979년 3월 23(음 2/25)일은 아버지의 회갑 잔치 날이었습니다. 고향 삽시도 전마술동 집에서 조촐하지만, 마을잔치로 친지와 동리 분들을 모신 가운데 열렸었지요. 그날 아버지는 평소 부르시던 시조창에 직접 작사를 하시고 모든 하객 앞에서 평생 삶의 철학을 노래하셨지요. "돈이 먼저 생겼느냐 사람이 먼저 생겼느냐 돈이라 하는 것은 만금을 갖고서도 동기간은 못 사느니 살아생전 있을 동안 살아생전 살 동안에 일가 간에 화목하고 동기간의 우애 있게 살아보세." 평소의 생철학을 담으셨는데 테이프에 녹음 했었고 그 테이프를 간직하고 있던 차 컴퓨터 파일로 전환하는 법을 몰라 그동안 보관해 뒀다가 이제야 했네요. 자식들이 모두 절을 올렸지만 저는 절을 올리지 못했고 상 앞으로 뭉쳐가 장애아들이 따라드리는 술잔을 잡으시며 아버지와 어머닌 세상에서 가장 회환 어린 깊은 눈물을 쏟으셨고 한동안 술잔을 받지 못하셨습니다. 저도 울고 그 자리에 함께한 모든 사람이 울었지요. 그 가슴 뭉클한 장면을 다시 떠올리며 한껏 그리움에 젖어보기도 했습니다. 세월은 가는 것이지만 그 테이프 속에 등장하는 숱한 친지와 이웃들의 이별이 있더군요. 당시 비디오 촬영도 못 했지만 아버지는 참 멋진 싱어송라이터였다는 생각을 내내 합니다.

하늘로 떠난 어머니

한글날이던 지난 2010년 10월 9일 어머니 고 최임열(崔壬烈, 1922~2010) 집사님은 하늘로 떠나셨습니다. 어머니께서는 안면도 고남이란 곳에서 5남매 중 둘째로 태어나 어린 시절을 보낸 후 오천면 삽시도란 섬으로 시집오셔서 저희 7남매를 낳으셨습니다. 지난 1981년 돌아가신 아버진 평생 농부셨고, 장애인 아들을 둘씩이나 둬야 했던 남다른 생애를 사셨던 분이셨지요. 그 한이 너무 깊어 평생을 마음고생 하며 사셨지만, 어머닌 넉넉하진 않아도 열심히 살아가는 자식들의 모습 속에서 위안을 삼으며 노년을 보내셨습니다. 지난 2008년 원치 않는 대장암으로 인해 생애 마지막 2년은 어렵고 힘든 날들을 보내셨습니다. 입·퇴원을 거듭해도 상태는 날로 악화되었고, 결국 하늘의 부름을 받으셨지요. 어머니를 생각하면 지금도 목이 멥니다. 어머니와 함께 살아온 생애가 행복했고,

어머닐 정말로 사랑했어요. 분명한 것은 어머니가 계셨기에 청죽은 이만큼 살아올 수 있었다는 것이지요. 모든 것이 비었고 무너진 하늘과 꺼진 땅이 언제 제자리로 돌아올지 모르지만 당분간은 여전히 어렵고 힘들 것 같습니다. 어머니 방의 장롱과 숱한 옷을 치우며 내내 엉엉 울었습니다. 마침 외사촌 형님의 전화를 받고 말을 잇지 못했었지요. 그냥 눈물이 흐릅니다. 상중에 위로해 주시고 아픔을 함께 해주신 모든 분께 감사를 전합니다.

어머니의 비석

이월 그믐이었던 어제는 지난해 돌아가신 어머니의 비석을 세우는 제막식除幕式 날이었습니다. 산기슭이 가파라 구정 때도 찾지 못했던 저는 어제는 조카의 도움으로 수월하게 묘지까지 갈 수 있었고 겨우네 녹지 않은 설빙 속에 깊은 잠을 주무셨던 어머니의 기쁜 재회의 숨소리를 들을 수 있었습니다. 얼고 녹고를 반복한 혹한의 흔적들이 묘지 주변을 채우고 있었고 지난가을 떨어진 낙엽들이 두툼한 이불이 돼 어머니를 춥지 않게 덮어드리고 있었습니다. 전날 보령 웅천에서 특별히 제작된 어머니의 비석이 도착했고, 우리 칠 남매와 동석한 친지들은 경건한 마음으로 제를 올린 후 오른쪽에 땅을 파고 준비해간 慶州崔氏壬烈之墓 1922~2010라고 쓴 예쁜 비석을 세워드렸습니다. 뒷면엔 아들딸 자부 사위의 이름을 새겨드렸지요. 비석이 참 예뻤습니다. 비가 온다는 예보가 있었기에 걱정했었는데, 오지 않았고 자식들은 주변을 새롭게 정리하고 매만지며 어머니의 정을 새겼지요. 곁에 잠들어 계신 듯 그렇게 평온한 마음이 칠남매는 물론 참석한 모든 친지의 가슴을 촉촉이 젖게 했고, 몸으로 진실을 증명하는 실천적인 삶으로 주신 생명과 은혜에 보답하자 다짐하며 산에서 내려왔습니다.

타인의 생일을 기억한다는 것

벌써 오래전부터 저는 매달 첫날엔 이달에 축하해야 할 친인척은 물론 지인들의 생일을 비롯한 제사나 결혼기념일 등을 미리 달력에 기록합니다. 그리고는 카톡을 비롯해 문자나 전화로 연락을 하지요. 누군가가 내 생일을 기억해 준다는 것처럼 행복한 일이 또 있을까요. 저는 그 행복을 전하는 데 조금도 주저함이나 망설임이 없습니다. 좋기 때문이지요. 친인척이라고 늘 연락을 하고 사는 것이 아니므로 전화 혹은 문자로 축하할 일이라면 왜 하지 않을까 싶지요. 오늘도 큰외삼촌댁 형님의 생신이어서 전화 드렸습니다. 그냥 좋아요. 세상에 축하할 일이 있다는 것처럼 소중한 일도 없으려니 합니다. 물론 쉬운 일은 아닙니다. 매월 첫날 수첩용 달력을 앞에 놓고 기록을 찾아 적어야 하니 번거롭기도 하지요. 그렇지만 저는 이 일이 그렇게 행복합니다. 누가 시켜서 하겠습니까. 절대 그럴 수는 없지요. 주변엔 무소식이 희소식인 것처럼 인식하고 사는 친척들이 숱하게 많습니다. 집안의 대소사나 있을 때 연락하는 정도라고나 할까요. 친척도 멀리 살고 연락이 뜸하면 당연히 멀어지지요. 친척뿐인가요. 인간관계라는 것이 다 그렇지요. 그렇기에 저는 생일을 비롯한 축하할 날을 기록해 뒀다가 연락을 하는 것입니다. 목소릴 듣고 혹은 문자를 주고받다 보면 사람 사는 의미가 새록새록 솟는 것 같아 여간 좋습니다.

시詩 전도사

몇 년 만에 명함을 새로 만들었습니다. 도안할 줄 몰라 지인의 도움을 받았는데 퍽 마음에 듭니다. 벌써 수십 년째 〈청죽〉이라는 호 및 애칭을 사용하고 있는 관계로 앞면엔 靑竹이라고 넣고 뒷면엔 기타를 치고 있는 그림 사진도 넣었습니다. 이름 앞에는 〈영어강사·詩 전도사〉라고 넣었네요. 그게 내 직업이기 때문입니다. 스무 살 때부터 시작한 영어강사 생활! 세월이 퍽 흘렀습니다. 중간에 십여 년 정부 시책에 의해 중단되기도 했지만, 풀린 이후에는 지금껏 강의하고 있으니 천직인 셈이지요. 또 하나 지난 2005년 창립한 《활짝웃는독서회》를 빼놓을 수 없지요. 단 한 사람에게라도 좋은 책과 문학의 향기를 전하겠다는 마음으로 설립된 독서회니 어떻게 생각하면 제 분신이기도 한 셈입니다. 지난 12년 동안 독서회를 이끌면서 숱한 책과 생명 같은 시를 전했습니다. 매달 40여 페이지의 회지를 직접 만들고 200여 부를 인쇄해 나누고 전국에 발송하고 있습니다. 인쇄소에 맡길 형편이 못되므로 집에서 혼자 만들고 있는데 품이 많이 들어요. 그래도 여기까지 올 수 있었던 것은 뒤에서 묵묵히 물질뿐만 아니라 사랑으로 큰 성원을 해주고 계신 모두의 덕이라 생각하며 이름에 걸맞은 삶과 역할로 보답하고 싶습니다. 한참 더 멋진 영어강사 및 詩 전도사로 살고 싶습니다.

평생 공부하는 사람들

제 주변엔 평생 공부하는 사람들이 많습니다. 학교 졸업과 동시에 공부 끝을 외쳤던 시대와는 참 많이 달라졌지요. 어떻게 생각해 보면 시대가 그렇게 만들고 있다는 생각도 해봅니다. 공부 하지 않고는 솔직히 배겨날 수가 없다고 할까요. 직장을 다니는 사람들 또한 마찬가집니다. 아래에서 치고 올라오는 젊은 세대들을 따라갈 수가 없기 때문에 공부를 하지 않고서는 이젠 자리보전은 꿈꿀 수 없다 하지요. 직면한 현실입니다. 다행인 것은 인터넷을 비롯한 수많은 매체가 전 국민의 평생 교육의 터전을 마련하고 있다는 것이지요. 지금은 마음만 먹으면 학교엘 가지 않아도 그 어떤 공부도 할 수 있는 시대입니다. '사이버'라는 이름으로 열리고 있는 온라인 강좌는 이제 그 수를 헤아릴 수조차 없는 시대가 되었습니다. 외국어에 조금이라도 자신이 있는 사람이라면 외국의 유명 대학 강의를 그대로 들을 수 있지요. 그것도 분야별로 말입니다. 이런 좋은 시대가 과연 있었을까 싶지요. 평생 학습을 할 수 있도록 만들어진 '사이버 대학'이나 요즘 한 창 인기 있는 '인문학 강좌' 등은 배움에 허기진 사람들을 살맛 나게 하고 있습니다.

번역서를 읽는다는 것

원어로 읽을 수가 없으므로 외국의 책은 대부분 어쩔 수 없이 번역서를 읽게 됩니다. 그렇다 보니 원전에 충실한 역자의 번역 책을 고르는 것 또한 중요하지요. 급하다고 여러 사람이 짜깁기하듯 번역한 책들이 있는 상황이고 보면 출판사와 역자에 신경 쓰지 않을 수 없는 이유이기도 합니다. 원서를 읽을 수 있는 수준이라면 두말할 나위 없이 원서를 읽어야 한다고 생각하지요. 맛이 다르기 때문입니다. 예를 들면 톨스토이의 3대 걸작 중 하나인 『안나 카레니나』의 첫 문장의 경우 출판사마다 번역이 모두 다릅니다. "행복한 가정은 모두 모습이 비슷하고, 불행한 가정은 모두 제각각의 불행을 안고 있다."(민음사) 판, "행복한 가정은 모두 고만고만하지만 무릇 불행한 가정은 나름나름으로 불행하다."(문학동네) 판, "모든 행복한 가정은 닮았고, 불행한 가정은 제 나름대로 불행하다."(작가

정신) 판, 이렇게 번역이 다릅니다. 또한, 번역은 시대에 따라서도 달라지는 것 같아요. 예전에 번역된 책들을 보면 오늘의 젊은 세대가 소화하기엔 매끄럽지 못한 부분이 너무나 많기 때문입니다. 원문은 다 같은데도 말예요. 평생 최소 외국어 하나쯤 욕심내는 이유입니다.

책임

　　　　영어와 놀다 보면 탄복할 때가 상당히 많습니다. 예를 들어 뉴스News라는 단어만 해도 동서남북의 첫 머리글자를 따서 만들었지요. 'N'자는 북쪽을, 'E'자는 동쪽을, 'W'자는 서쪽을, 끝으로 'S'자는 남쪽을 가리키지요. 누가 어떻게 이런 기발한 아이디어를 얻어 뉴스라는 말을 만들어 냈는지 생각할수록 대단하다 싶습니다. 이해하다는 뜻의 'Understand'도 그렇지요. '밑'라는 뜻의 Under와 '서다'라는 Stand가 합쳐져 만들어진 단어입니다. 뭣인가 사물을 제대로 이해하기 위해서는 위에 서도 안 되고 옆에 서도 안 된다는 뜻이지요. 완전히 그 밑에 서야만 온전한 이해를 할 수 있다는 뜻이니 말입니다. '책임'이라는 단어인 Responsibility라는 말도 다르지 않습니다. 이 단어는 'Response반응+Ability할 수 있음'의 조합어지요. '반응할 수 있음' 그것이 '책임'이라는 말의 참뜻입니다. 어떻게 생각해 보면 우리는 타인의 고통에 대해서 너무 무책임한 인생을 살고 있는지도 모릅니다. 반응은 고사하고 외면하고 사는 삶이 아픔이라는 것을 모르고 살 때가 너무 많습니다.

차마 듣고 싶지 않은 소식

부끄럽습니다. 참으로 부끄럽습니다. 제가 그리스도인이라는 것이 이렇게 부끄러울 수가 없습니다. 밖에 나가 그 누구한테 어떻게 내가 크리스천이라는 말을 할 수 있을까요? 못하겠습니다. 더는 못하겠습니다. 꼭꼭 숨고만 싶은 그리스도인!!! 오늘 제 심경心境이 바로 그렇습니다. 종종 그런 일이 있었습니다만 얼마 전 또 조계사에서 사건(?)이 터졌지요. 스스로 목사라고 밝힌 사람들이 종로구 견지동 조계사에 난입해 "중들 나와라" "예수 믿으라" "예수 안 믿으면 공산당" "부처님을 믿으면 밥 먹여주나. 하나님을 믿어야 천국 간다" 등등을 외치며 소란을 피웠다고 합니다. 이들은 또 "설교를 하기 위해 조계사에 왔다."고 했다지요? 참 어이가 없습니다. 내 종교가 소중하면 다른 사람의 종교도 소중한 법이지요. 그것을 인정하지 못한다면 그것은 이미 종교의 차원이 아닙니다. 진정한 종교인이라면 타인의 종교를 비방하지 않습니다. 아니 비방할 수가 없지요. 어떻게 내 것만 절대일 수 있습니까? 그것은 말이 안 되지요. 그래서 내 종교를 깊이 연구하기 위해서는 타인의 종교를 끊임없이 공부해야 한다고 생각합니다. 기독교를 이해하기 위해서는 불교를 공부하지 않을 수 없다는 뜻이지요. 내 종교만 알고 다른 종교에 대해 모른다면 그것은 아무것도 모르는 소치와 전혀 다를 바 없습니다.

영시 감상

영어교실의 수강생들에게 한 달에 한편씩 영시 英詩를 암송하게 하고 있습니다. 시 한 편을 골라낸다는 것이 결코 쉽지만은 않군요. 하지만 좋은 작품을 골라 해설을 하고 숙제로 주고 나면 마음이 뿌듯합니다. 수강생들이 대부분 중년이어서 암기가 쉽지는 않지만, 열성에 취하고 감동에 취해 맛은 아주 짭짤합니다. 이달에는 미국의 여류시인인 에밀리 엘리자베스 디킨슨(Emily Elizabeth Dickinson, 1830~1886)의 작품을 골랐습니다. 일상에서 나의 아주 사소한 것 같은 작은 일 하나가 가만히 생각해 보면 인생 최고의 의미와 행복을 심는 일임을 이 시는 보여주고 있습니다. 같이 감상해 볼까요.

If I can……

By Emily Elizabeth Dickinson

If I can stop one heart

from breaking,

I shall not live in vain;

If I can ease one life

the aching,

or cool one pain,

or help one fainting robin

onto his nest again,

I shall not live in vain.

만약 내가 ……

　　　　　　　에밀리 엘리자베스 디킨스

만약 내가 한 사람의 가슴앓이를

멈추게 할 수 있다면,

나 헛되이 사는 것은 아니리.

만약 내가 누군가의 아픔을

쓰다듬어 줄 수 있다면,

혹은 고통 하나를 가라앉힐 수 있다면,

혹은 기진맥진 지친 한 마리 울새를

둥지로 되돌아가게 할 수 있다면,

나 헛되이 사는 것 아니리.

　　　　　　　　　　－번역 장영희